W0266815

LE VOYAGE D'HECTOR

ou la recherche du bonheur

François Lelord

LE VOYAGE D'HECTOR

ou la recherche du bonheur

ÉDITIONS FRANCE LOISIRS

Édition du Club France Loisirs,
avec l'autorisation des Éditions Odile Jacob.

Éditions France Loisirs,
123, boulevard de Grenelle, Paris
www.franceloisirs.com

Le Code de la propriété intellectuelle n'autorisant, aux termes des paragraphes 2 et 3 de l'article L. 122-5, d'une part, que les « copies ou reproductions strictement réservées à l'usage privé du copiste et non destinées à une utilisation collective », et, d'autre part, sous réserve du nom de l'auteur et de la source, que les « analyses et les courtes citations justifiées par le caractère critique, polémique, pédagogique, scientifique ou d'information », toute représentation ou reproduction intégrale ou partielle, faite sans le consentement de l'auteur ou de ses ayants droit ou ayants cause, est illicite (article L. 122-4). Cette représentation ou reproduction, par quelque procédé que ce soit, constituerait donc une contrefaçon sanctionnée par les articles L. 335-2 et suivants du Code de la propriété intellectuelle.

© Éditions Odile Jacob, septembre 2002

ISBN : 2-7441-6253-1

À celles et à ceux
dont la rencontre a inspiré Hector

Hector n'est pas content de lui

Il était une fois un jeune psychiatre qui s'appelait Hector et qui n'était pas très content de lui.

Hector n'était pas content de lui, et pourtant il ressemblait à un vrai psychiatre : il avait de petites lunettes cerclées qui lui donnaient l'air intellectuel, il savait écouter les gens d'un air pensif en faisant « mmh... », il avait même une petite moustache qu'il tortillait quand il réfléchissait très fort.

Son cabinet aussi ressemblait à celui d'un vrai psychiatre : il y avait un divan à l'air ancien (un cadeau de sa maman quand il s'était installé), des reproductions de statuettes égyptiennes ou hindoues, et une grande bibliothèque pleine de livres compliqués à lire, certains tellement compliqués qu'il ne les avait d'ailleurs pas lus.

Beaucoup de gens voulaient prendre des

rendez-vous avec Hector, pas simplement parce qu'il ressemblait à un vrai psychiatre, mais parce qu'il avait un secret que connaissent les bons docteurs et qu'on n'apprend pas à la faculté : il s'intéressait vraiment aux gens.

Quand les gens vont voir un psychiatre pour la première fois, ils sont souvent un peu gênés. Ils ont peur qu'il les prenne pour des fous, même s'ils savent qu'il a l'habitude. Ou alors ils craignent que leur cas ne lui paraisse pas assez grave et qu'il leur dise d'aller se faire voir ailleurs. Mais comme ils ont pris rendez-vous et qu'ils sont venus, ils se décident à raconter leurs petites manies bizarres, les drôles de pensées qui leur passent par la tête et qu'ils n'ont racontées à personne avant mais qui leur font très mal, les grandes peurs ou les grosses tristesses qui les empêchent de vivre. Ils ont peur aussi de ne pas savoir bien raconter et d'être ennuyeux. Et parfois il faut bien dire que le psychiatre a l'air ennuyé, ou fatigué. Si on n'a pas l'habitude, on peut même se demander s'il a écouté quelque chose.

Mais avec Hector, ce n'était presque jamais comme ça : il regardait les gens quand ils racontaient leur histoire, il hochait la tête pour les encourager, faisait ses petits « mmh...,

mmh... » en tortillant sa moustache, et parfois même il disait : « Attendez, expliquez-moi. Je n'ai pas bien compris. » Sauf les jours où il était très fatigué, les gens sentaient qu'Hector écoutait vraiment ce qu'ils disaient, et même qu'il trouvait leur histoire intéressante.

Alors les gens revenaient le voir, prenaient beaucoup de rendez-vous, donnaient son nom à des amis, en parlaient à leur médecin de famille qui envoyait d'autres clients à Hector. Et bientôt Hector passa de longues journées à écouter les gens et commença à payer beaucoup d'impôts, même s'il ne faisait pas payer très cher la consultation. (Sa maman lui disait toujours qu'il aurait dû demander davantage, mais ça le gênait.)

Pour ses consultations, il demandait moins d'argent que Madame Irina par exemple, qui était une voyante assez célèbre. D'ailleurs, elle lui disait :

— Docteur, vous devriez augmenter vos tarifs.

— Tiens, on me l'a déjà dit, répondait Hector.

— Je vous parle comme une mère, docteur, je vois ce qui serait bien pour vous.

— Justement, comment voyez-vous en ce moment ?

Il faut vous expliquer que Madame Irina était venue voir Hector parce qu'elle n'arrivait plus à voir l'avenir. Elle avait eu un grand chagrin à cause d'un monsieur qui était parti, et depuis, elle ne voyait plus vraiment. Comme elle était maligne, elle arrivait quand même à raconter quelque chose d'intéressant à ses clients. Mais comme elle était un peu honnête aussi, ça l'ennuyait de ne plus voir comme avant. Alors Hector lui avait donné des pilules pour les gens qui sont trop tristes, et elle commençait à revoir un peu.

Hector ne savait pas trop qu'en penser.

Il avait du succès pas simplement parce qu'il savait écouter les gens. Il connaissait aussi les ficelles de son métier.

D'abord il savait répondre à une question par une question. Par exemple quand quelqu'un lui demandait : « Est-ce que vous croyez que je vais m'en sortir, docteur ? », il répondait : « Pour vous, qu'est-ce que ça voudrait dire "en sortir" ? » Du coup, ça forçait les gens à réfléchir à leur cas, et comme ça, Hector les aidait à trouver des moyens de s'en sortir.

Ensuite, il connaissait bien les médicaments. En psychiatrie, c'est assez simple parce qu'il n'y a que quatre grandes sortes de médicaments à prescrire : les pilules à prendre quand on est trop triste – les antidépresseurs –, les pilules à prendre quand on a trop peur – les anxiolytiques –, les pilules à prendre quand on a des pensées vraiment trop bizarres ou qu'on entend des voix – les neuroleptiques –, et puis les pilules pour éviter les hauts et les bas trop hauts ou trop bas – les régulateurs de l'humeur. Bon, c'est quand même un peu plus compliqué parce que, pour chaque sorte de médicament, il y a au moins une dizaine de marques de pilules différentes avec des noms rigolos inventés exprès, et le psychiatre doit trouver celle qui vous convient le mieux. Les médicaments, c'est un peu comme les desserts : tout le monde n'aime pas les mêmes.

Enfin, quand les médicaments ne suffisaient pas, ou tout simplement quand les gens n'en avaient pas besoin, Hector avait un autre moyen pour les aider : la psychothérapie. C'est un nom compliqué, mais ça veut dire simplement qu'on aide les gens en les écoutant et en leur parlant. Attention, pas comme on se parle tous les jours, mais en suivant une méthode spéciale. Comme pour les pilules, il y a différentes sortes de psychothérapies, certaines inventées par des gens morts depuis longtemps. Hector avait appris une psychothérapie inventée par des gens encore vivants, mais assez âgés quand même. C'était une méthode où le psychiatre discute avec son patient, et ça aussi les gens aimaient bien, parce que parfois ils avaient déjà rencontré des psychiatres qui ne leur parlaient presque pas et ils n'étaient pas arrivés à s'y habituer.

Avec Madame Irina, Hector n'avait pas trop essayé la psychothérapie, parce que dès qu'il voulait lui poser une question, elle disait :

– Docteur, je sais déjà ce que vous allez me demander.

Le pire, c'est qu'elle avait souvent (pas toujours) raison.

Donc, avec les ficelles du métier, les médicaments, la psychothérapie et son secret de s'intéresser vraiment aux gens, Hector était un assez bon psychiatre, c'est-à-dire qu'il arrivait aux mêmes résultats qu'un bon médecin, comme un bon cardiologue par exemple : certains de ses patients, il arrivait à les guérir complètement ; d'autres, à les maintenir en bonne santé à condition qu'ils continuent à prendre tous les jours leur pilule et à venir parler avec lui de temps en temps ; enfin, pour certains, il pouvait juste les aider à supporter leur maladie en essayant qu'elle soit la moins grave possible.

Et pourtant Hector n'était pas content de lui.

Il n'était pas content de lui parce qu'il voyait bien qu'il n'arrivait pas à rendre les gens heureux.

Hector se pose des questions

Hector avait son cabinet dans une grande ville avec de grandes avenues bordées de beaux immeubles anciens. Cette ville était différente de la plupart des grandes villes du monde : ses habitants mangeaient à leur faim ; ils pouvaient se faire soigner gratuitement s'ils tombaient malades ; les enfants allaient à l'école ; la plupart des gens avaient un travail. On pouvait aussi aller à plein de séances de cinéma différentes en payant pas très cher ; il y avait des musées, des piscines, et même quelques endroits où faire du vélo sans se faire écraser. Les gens pouvaient aussi regarder plein de chaînes de télévision différentes, ils pouvaient lire toutes sortes de journaux, et les journalistes avaient le droit d'écrire presque tout ce qu'ils voulaient. Les gens avaient beaucoup de vacances, même si ça posait parfois un problème à ceux qui n'avaient pas assez d'argent pour partir.

Parce que même si tout allait mieux que dans la plupart des grandes villes du monde, il y avait quand même des gens qui avaient tout juste assez d'argent pour vivre, des enfants qui ne supportaient pas d'être à l'école et qui faisaient de grosses bêtises, ou même qui n'avaient plus de parents pour s'occuper d'eux. Il y avait aussi des grandes personnes qui n'avaient pas de travail et des gens qui étaient tellement malheureux qu'ils essayaient de se soigner eux-mêmes en buvant n'importe quoi ou en prenant de très mauvaises pilules. Mais ces gens-là n'habitaient pas dans le genre de quartier où travaillait Hector. Il savait quand même qu'ils existaient parce qu'il en avait beaucoup soigné quand il travaillait à l'hôpital. Et depuis, il continuait : tous les mercredis, Hector n'allait pas à son cabinet, il allait travailler à l'hôpital. Et là il voyait des gens comme Roger, par exemple, à qui il demandait :

— Roger, est-ce que vous avez bien pris vos médicaments ?

— Oui, oui, le seigneur est mon berger, il guide mes pas.

— Sans doute, mais est-ce que vous avez bien pris vos médicaments ?

– Oui, oui, le seigneur est mon berger, il guide mes pas.

Parce que Roger croyait que le Bon Dieu lui parlait sans arrêt, il avait des voix comme on dit, et il leur répondait en parlant tout haut. Pourquoi pas ? vous direz. Le problème, c'est que quand il ne prenait pas ses médicaments, Roger parlait tout seul dans la rue et même assez fort s'il avait bu un coup, et souvent des gens pas gentils se moquaient de lui. Comme il était assez costaud, parfois ça se terminait pas très bien, et il se retrouvait à l'hôpital psychiatrique pour longtemps.

Roger avait plein d'autres problèmes : il n'avait jamais eu de papa et de maman pour s'occuper de lui, il n'avait pas bien réussi à l'école et depuis qu'il parlait avec le Bon Dieu les gens ne voulaient pas l'embaucher pour travailler. Alors Hector avec une dame assistante sociale remplissait des tas de papiers pour que Roger puisse garder son petit studio dans un quartier où vous n'auriez pas forcément aimé habiter.

Dans le cabinet d'Hector, c'était très différent de l'hôpital : les messieurs et les dames qui venaient le voir avaient assez bien réussi à l'école, avaient été élevés par un papa et une maman, ils avaient un travail. Quand ils n'en avaient plus, ils arrivaient souvent à en retrouver un, ils étaient en général bien habillés et savaient raconter leur histoire sans faire de faute de grammaire et les dames étaient souvent assez jolies (parfois ça rendait les choses difficiles pour Hector).

Certains avaient quand même de vraies maladies ou avaient vécu de vrais malheurs, et là, Hector arrivait en général à les soigner avec de la psychothérapie et des médicaments. Mais il y en avait beaucoup qui n'avaient pas de vraies maladies, en tout cas pas une de celles qu'Hector avait appris à soigner quand il était étudiant, et ils n'avaient pas vécu non plus de vrais malheurs comme avoir eu des parents pas gentils ou avoir perdu quelqu'un qu'ils aimaient beaucoup. Et pourtant, ces gens n'étaient pas heureux.

Par exemple, Hector voyait assez souvent Adeline, une jeune dame assez charmante.

— Comment ça va ? demandait Hector.

— Vous espérez qu'un jour je vais vous dire : « Très bien » ?

— Pourquoi pensez-vous que j'espère ça ?

— Vous devez en avoir un peu marre, de mes histoires, non ?

Là, elle n'avait pas tout à fait tort, Adeline, même si Hector l'aimait bien au fond. Adeline réussissait bien dans son travail, c'était une très bonne commerciale comme on dit, c'est-à-dire qu'elle savait vendre les choses beaucoup plus cher qu'elles ne valaient vraiment, et du coup ses patrons étaient très contents et lui donnaient souvent des grosses primes.

Mais elle se plaignait toujours, surtout des hommes. Comme elle était assez charmante, elle avait toujours un homme dans sa vie, mais ça n'allait jamais : soit il était gentil, mais alors elle ne le trouvait pas excitant ; soit il était excitant, mais alors elle ne le trouvait pas très gentil ; soit il n'était ni gentil ni excitant, mais alors elle se demandait ce qu'elle faisait avec lui. Elle avait bien trouvé un moyen de rendre gentils les hommes excitants : c'était de les quitter. Mais après évidemment ils ne l'excitaient plus beaucoup. En plus c'étaient des messieurs assez importants, parce qu'avec Adeline, si vous n'étiez pas important, ce n'était même pas la peine d'essayer.

Seulement en lui posant des questions, Hector essayait de lui faire comprendre que le comble du bonheur, ce n'est pas forcément le maximum d'excitation avec l'homme le plus important et en plus très gentil (surtout que très important et très gentil, vous imaginez comme c'est facile à trouver !). Mais c'était difficile, Adeline était vraiment exigeante.

Des Adeline, Hector, il en avait pas mal comme clientes.

Il voyait aussi des hommes qui pensaient un peu comme Adeline : eux, ils voulaient la femme la plus excitante mais en même temps très gentille avec eux et qui réussisse bien dans la vie aussi. Dans le travail, c'était la même chose : ils voulaient un travail très important, mais qui leur laisse la liberté de « se réaliser » comme disaient certains. Même quand ils réussissaient bien dans leur travail, ils se demandaient s'ils n'auraient pas été beaucoup plus heureux dans un autre.

En gros, tous ces gens plutôt bien habillés racontaient qu'ils n'aimaient pas la vie qu'ils avaient, ils se posaient des questions sur leur métier, ils se demandaient s'ils étaient mariés ou presque mariés avec la bonne personne, ils avaient l'impression qu'ils étaient en train de manquer quelque chose d'important dans la vie et que le temps passait, qu'ils n'arrivaient pas à être tout ce qu'ils voulaient être.

Ils ne se trouvaient pas heureux, et ce n'était pas pour rire, certains pensaient même parfois à se suicider, et Hector devait beaucoup s'occuper d'eux.

Un jour, il se demanda s'il n'attirait pas spécialement cette sorte de gens. Peut-être y avait-il quelque chose dans sa manière de parler qui leur plaisait particulièrement ? Ou dans sa façon de les regarder en tortillant sa moustache, ou même dans ses statuettes hindoues ? Alors ils se passaient son adresse, et il en arrivait de plus en plus à son cabinet. L'air de rien, il interrogea ses confrères installés depuis plus longtemps que lui. Est-ce qu'ils s'occupaient seulement de patients avec de vraies maladies ? Les confrères regardèrent Hector comme s'il avait posé une question un peu idiote. Bien sûr que non, ils ne s'occupaient pas que de gens avec de vraies maladies ! Ils voyaient eux aussi beaucoup de personnes qui n'étaient pas contentes de leur vie et qui se sentaient malheureuses. Et d'après ce qu'ils disaient, Hector comprit qu'ils ne s'en tiraient pas tellement mieux que lui.

Ce qui était encore plus bizarre, c'est que dans ces quartiers où la plupart des gens avaient beaucoup plus de chance que ceux qui habitaient ailleurs, il y avait plus de psychiatres que dans tous les autres quartiers réunis, et tous les mois il y en avait de nouveaux qui s'installaient ! Et si on regardait la carte du monde des psychiatres (ne la cherchez pas, elle est très difficile à trouver), on pouvait voir que dans les pays comme celui où vivait Hector, il y avait bien plus de psychiatres que dans tout le reste du monde, là où pourtant il y avait bien plus de gens.

Tout ça était très intéressant, mais ça n'avançait pas Hector. Il avait l'impression de ne pas aider ces gens malheureux. Même s'ils aimaient bien revenir le voir, ça lui pesait de plus en plus. Il avait remarqué qu'il était beaucoup plus fatigué après avoir vu cette sorte de gens qui n'étaient pas contents de leur vie qu'après avoir vu des patients comme Roger. Et comme il voyait de plus en plus de ces gens malheureux sans malheur, il devenait de plus en plus fatigué et même un peu malheureux à son tour. Il commença à se demander s'il avait choisi le bon métier, s'il était content de sa vie, s'il n'était pas en train de manquer quelque chose. Là, il eut très peur parce qu'il se demanda si ces gens malheureux n'étaient pas contagieux. Il pensa prendre lui-même des pilules (il savait que certains de ses confrères en prenaient), mais il réfléchit et trouva que ce n'était pas une bonne solution.

Un jour Madame Irina lui dit :

— Docteur, je vois que vous êtes bien fatigué.

– Ah, je suis désolé si ça se voit.

– Vous devriez prendre des vacances, ça vous ferait du bien.

Hector trouva que c'était une bonne idée : et s'il partait en vacances ?

Mais comme c'était un garçon sérieux, il allait organiser ses vacances pour qu'elles lui servent à devenir un meilleur psychiatre, comme quand on fait des devoirs de vacances.

Alors voilà, il allait faire un voyage autour du monde, et partout il essaierait de comprendre ce qui rendait les gens heureux ou malheureux. Il se disait que comme ça, s'il y avait un secret du bonheur, il finirait bien par le découvrir.

Hector fait une découverte importante

Hector annonça à ses patients qu'il allait partir en vacances.

Quand ils apprenaient la nouvelle, certains patients, souvent ceux qui avaient les plus grosses maladies, lui disaient : « Vous avez bien raison, docteur, il faut aller vous reposer. Avec le métier que vous faites ! » D'autres, au contraire, ça les énervait légèrement qu'Hector parte en vacances. Ils lui disaient : « Alors, comme ça, je ne vais pas pouvoir vous voir pendant plusieurs semaines ? » Ceux-là, c'étaient souvent les gens malheureux qu'Hector n'arrivait pas à rendre heureux et qui le fatiguaient beaucoup.

Hector avait une bonne amie, Clara, et il fallait aussi lui annoncer qu'il allait partir en vacances. Il lui demanda si elle voulait partir avec lui, pas simplement pour être aimable, mais parce qu'il aimait beaucoup Clara et qu'ils trouvaient qu'ils ne se voyaient pas assez.

Hector et Clara s'aimaient, mais ils avaient du mal à faire des projets ensemble. Par exemple, ils auraient pu se marier ou avoir un bébé, mais tantôt c'était Clara qui en avait le plus envie, tantôt c'était Hector, mais presque jamais tous les deux en même temps.

Clara travaillait beaucoup, dans une grosse entreprise – un laboratoire pharmaceutique qui fabriquait justement des pilules que donnent les psychiatres. C'est comme ça qu'un jour elle avait rencontré Hector dans un congrès organisé pour présenter aux psychiatres les dernières nouveautés, en particulier la merveilleuse nouvelle pilule que le laboratoire pour lequel elle travaillait venait d'inventer.

Clara était payée très cher pour trouver des noms de pilules qui plaisent aux psychiatres et aux patients de tous les pays du monde. Et aussi pour leur faire croire que les pilules fabriquées par son laboratoire étaient bien meilleures que celles fabriquées par les autres.

Elle était encore jeune, mais elle avait bien réussi, la preuve : quand Hector l'appelait au bureau, il ne pouvait presque jamais lui parler parce qu'elle était toujours en réunion. Et quand elle partait en week-end avec Hector, elle emportait du travail à terminer sur son ordinateur portable, pendant que lui allait se promener ou dormait sur le lit à côté d'elle.

Quand Hector proposa à Clara de partir avec lui, elle répondit qu'elle ne pouvait pas s'en aller comme ça à l'improviste, parce qu'elle devait aller à des réunions pour décider du nom de la prochaine pilule fabriquée par son laboratoire (et qui serait meilleure que toutes les autres pilules fabriquées depuis la création du monde).

Hector ne dit rien, il comprenait, mais il était un peu contrarié quand même. Il se demandait si, au fond, partir ensemble, ce n'était pas plus important que des réunions pour trouver un nom de médicament. Mais comme il avait l'habitude par son métier de toujours comprendre le point de vue des autres, il dit simplement à Clara : « Okay, okay, je comprends. »

Plus tard, comme ils étaient en train de dîner dans un restaurant, Clara racontait à Hector comme la vie était compliquée à son bureau. Elle avait deux chefs qui l'aimaient bien, mais qui ne s'aimaient pas entre eux. Alors c'était très difficile pour Clara parce que quand elle travaillait pour l'un, ça risquait toujours d'énerver l'autre, et c'était l'inverse quand elle travaillait pour l'autre, ça énervait l'un, enfin vous voyez ce que je veux dire. Hector ne comprenait pas bien pourquoi elle avait deux chefs en même temps, mais Clara lui expliqua que c'était à cause de quelque chose qui s'appelait « organisation matricielle ». Hector se dit que ça ressemblait à une expression inventée par des psychiatres, alors il ne fallait pas s'étonner si ça donnait des situations compliquées et si ça rendait les gens un peu fous.

Il n'avait pas encore annoncé à Clara la vraie raison pour laquelle il partait en vacances, parce que depuis le début du dîner, c'était surtout Clara qui racontait ses problèmes au bureau.

Mais comme ça finissait par le fatiguer un peu, il décida de commencer tout de suite son enquête sur ce qui rendait les gens heureux ou malheureux. Comme Clara s'arrêtait de parler pour finir son assiette, Hector la regarda et lui demanda : « Est-ce que tu es heureuse ? »

Clara reposa sa fourchette, elle regarda Hector. Elle avait l'air émue, elle lui demanda :

« Tu veux me quitter ? »

Et Hector vit que ses yeux étaient mouillés comme quand quelqu'un va se mettre à pleurer. Il posa sa main sur celle de Clara et lui expliqua que non, pas du tout (même s'il y avait pensé de temps en temps, c'est vrai), il lui avait simplement demandé ça parce qu'il commençait son enquête.

Clara eut l'air un peu rassurée, mais pas trop, et Hector lui expliqua pourquoi il voulait mieux comprendre ce qui rendait les gens un peu heureux ou malheureux. Mais déjà il voulait comprendre une chose, pourquoi Clara, quand il lui avait demandé si elle était heureuse, avait-elle pensé qu'Hector voulait la quitter ?

Elle lui répondit qu'elle avait pris ça comme une critique. Comme si Hector lui avait dit : « Tu n'arriveras jamais à être heureuse » et que donc, il ne voulait plus rester avec elle, parce que, forcément, personne n'a envie de vivre avec quelqu'un qui ne sera jamais heureux. Hector lui répéta que ce n'était pas du tout ce qu'il avait voulu dire. Pour la rassurer complètement, il fit de petites plaisanteries qui firent rire Clara, et cette fois ils se sentirent amoureux en même temps jusqu'à la fin du dîner et même après quand ils rentrèrent se coucher.

Plus tard, en s'endormant à côté d'elle, il se dit que son enquête avait bien commencé. Il avait déjà appris deux choses.

Une qu'il savait déjà, mais c'était bien de se la rappeler une fois de plus : les femmes sont bien compliquées, même pour un psychiatre.

Et une autre, qui allait être très utile pour la suite : il faut faire attention quand on demande aux gens s'ils sont heureux, parce que c'est une question qui peut les déranger très fort.

Hector part pour la Chine

Hector décida de partir pour la Chine. Il n'était jamais allé là-bas, et ça lui paraissait une bonne idée pour réfléchir au bonheur. Il se souvenait des aventures de Tintin dans *Le Lotus bleu*, et aussi de Monsieur Wang, le père adoptif de Tchang, l'ami de Tintin. Avec sa grande barbe blanche et son air très sage, ce vieux monsieur chinois avait l'air d'avoir des choses intéressantes à raconter sur le bonheur, il en restait sûrement des comme lui aujourd'hui en Chine. En plus, dans *Le Lotus bleu*, le fils de ce noble monsieur devient fou et rend ses parents très malheureux. Quand ils pleurent, Tintin essaie de les consoler, mais il n'y arrive pas vraiment. Heureusement, plus tard il réussit à libérer des griffes des méchants un grand professeur chinois qui arrive à guérir le fils de Monsieur Wang. À la fin, tout le monde est très content, et c'est peut-être en lisant cette aventure émouvante quand il était petit qu'Hector pensa pour la première fois à devenir psychiatre (même s'il ne connaissait pas encore le mot à l'époque). Hector avait vu aussi pas mal de films chinois au cinéma avec Clara, et il avait remarqué que les Chinoises étaient très jolies, même si on n'en voit pas beaucoup dans *Le Lotus bleu*.

Lorsqu'il arriva dans l'avion, l'hôtesse lui annonça une bonne nouvelle : la compagnie aérienne avait prévu trop de gens dans la partie de l'avion où devait voyager Hector, alors elle allait lui donner un siège dans une autre partie où normalement il fallait payer beaucoup plus cher pour avoir le droit de s'asseoir. Cette partie de l'avion s'appelle la *business class* pour faire croire que les gens assis là voyagent à cause de leur travail, et non pas pour le plaisir d'avoir un fauteuil très confortable, du champagne et une petite télé pour soi tout seul.

Hector se sentit très heureux d'être là. Son fauteuil était vraiment très confortable, les hôtesses lui avaient servi du champagne, et il trouvait aussi qu'elles lui faisaient plein de sourires, bien plus que lorsqu'il voyageait comme d'habitude, mais là c'était peut-être l'effet du champagne.

Pendant que l'avion s'envolait de plus en plus haut dans le ciel, il commença à réfléchir sur le bonheur. Pourquoi se sentait-il si heureux de se retrouver là ?

Bien sûr, il pouvait s'allonger à son aise, boire du champagne, se détendre. Mais ça, il pouvait aussi le faire chez lui dans son fauteuil préféré, et même si c'était agréable, ça ne le rendait pas aussi heureux qu'en ce moment dans cet avion.

Il regarda autour de lui. Deux ou trois personnes souriaient et regardaient autour d'elles, et il pensa que c'étaient des gens comme lui à qui on avait fait la bonne surprise. Il se tourna vers son voisin. C'était un monsieur qui lisait avec un air sérieux un journal en anglais rempli de colonnes de chiffres. Il n'avait pas pris de champagne quand l'hôtesse lui en avait proposé. Il était un peu plus âgé qu'Hector, un peu plus gros aussi, et il portait une cravate avec de petits kangourous dessinés dessus, et donc Hector pensa qu'il ne partait pas en vacances, mais qu'il voyageait pour son travail.

Plus tard, ils commencèrent à se parler. Le monsieur s'appelait Charles, et il demanda à Hector si c'était la première fois qu'il allait en

Chine. Hector répondit que oui. Charles expliqua qu'il connaissait un peu la Chine, parce qu'il avait des usines là-bas, où les Chinois travaillaient pour moins cher que dans le pays d'Hector et de Charles. « Moins cher et aussi bien que chez nous ! » ajouta-t-il.

Dans ces usines, on fabriquait toutes sortes de choses pour les enfants, des meubles, des jouets, des jeux électroniques. Charles était marié et avait trois enfants ; ils avaient toujours plein de jouets puisque leur papa avait des usines qui en fabriquaient !

Hector n'avait jamais très bien compris l'économie, mais il demanda à Charles si ça n'était pas ennuyeux de faire fabriquer tout ça par les Chinois, si ça ne risquait pas de retirer du travail aux compatriotes d'Hector et de Charles.

Peut-être un peu, expliqua Charles, mais s'il faisait travailler des ouvriers de son pays, ses jouets coûteraient tellement plus cher que ceux fabriqués dans les autres pays du monde que personne ne les achèterait alors de toute façon, ce n'était même pas la peine d'essayer. « C'est ça, la mondialisation », conclut Charles. Hector pensa que c'était la première fois qu'il entendait ce mot de mondialisation dans son voyage, mais sûrement pas la dernière.

Charles ajouta que ce qui était quand même bien, c'est que dans l'histoire, les Chinois devenaient moins pauvres, et bientôt ils pourraient acheter des jouets pour leurs enfants.

Hector se dit qu'il avait eu raison de choisir de faire de la psychiatrie, parce que ce n'était pas demain la veille que des gens iraient en Chine pour raconter leurs problèmes à des psychiatres chinois, même s'ils étaient sûrement très bons.

Il posa d'autres questions à Charles sur la Chine, en particulier si les Chinois étaient très différents d'eux. Charles réfléchit et dit que, finalement, pour l'essentiel, non. Les différences, on les remarquait surtout entre les gens des grandes villes et ceux de la campagne, mais ça, c'était vrai dans tous les pays du monde. En revanche, il dit à Hector qu'il avait peu de chances de trouver là-bas quelqu'un comme le père de Tchang, parce que la Chine avait beaucoup changé depuis l'époque du *Lotus bleu*.

Depuis le début de leur conversation, Hector voulait demander à Charles s'il était heureux, mais il se souvenait de la réaction de Clara, cette fois il voulait faire attention. Finalement, il commença par remarquer : « Comme ces sièges sont confortables ! » en pensant que Charles allait peut-être dire qu'il était bien content de voyager en *business class*, et ensuite ils pourraient parler du bonheur.

Mais Charles grogna : « Bof, ils s'allongent beaucoup moins bien qu'en première. » Et Hector comprit que Charles avait l'habitude de voyager en *business class*, mais qu'un jour, il avait été surclassé en première (une partie encore plus chère de l'avion) et depuis, il s'en souvenait.

Cela fit réfléchir Hector. Charles et lui étaient assis dans des fauteuils absolument pareils, ils buvaient le même champagne, mais tout ça rendait Hector beaucoup plus heureux parce que lui, il n'avait pas l'habitude. Une autre différence : Charles s'attendait à voyager en *business class*, alors que pour Hector, c'était une bonne surprise.

C'était le premier petit bonheur du voyage, mais en regardant Charles, Hector commença à s'inquiéter. Et si lui aussi, les prochaines fois qu'il voyagerait en classe économique, il allait toujours regretter la *business class* comme Charles regrettait aujourd'hui la première ?

Hector se dit qu'il venait de découvrir une première leçon. Il prit un petit carnet qu'il avait acheté spécialement pour l'occasion et il nota :

Leçon n° 1 : Un bon moyen de gâcher son bonheur, c'est de faire des comparaisons.

Il pensa que ce n'était pas une première leçon très positive, alors il essaya d'en chercher une autre. Il but encore un peu de champagne, et il écrivit :

Leçon n° 2 : Le bonheur arrive souvent par surprise.

Hector fait un bon dîner

Hector fut très surpris à son arrivée en Chine. Bien sûr, il ne s'attendait pas à ce que ça ressemble exactement au *Lotus bleu* (Hector est intelligent, n'oubliez pas qu'il est psychiatre), mais quand même.

Il était arrivé dans une ville avec beaucoup de grandes tours modernes en verre, comme celles qu'on avait bâties autour de sa ville pour y mettre des bureaux, sauf que là, cette ville chinoise était construite au pied d'une petite montagne et juste au bord de la mer. Les immeubles et les rues étaient exactement pareils que ceux qu'on trouvait dans le pays d'Hector. La seule différence, c'est qu'au lieu d'y voir des gens comme il en avait l'habitude, c'était plein de Chinois en costumes gris qui marchaient vite et qui en même temps parlaient assez fort dans leur téléphone mobile. Il croisait pas mal de Chinoises aussi, et de temps en temps une très jolie, mais bien moins souvent que dans les films. Elles avaient l'air pressées, elles étaient habillées un peu comme Clara, et on sentait que quand elles étaient au bureau, elles devaient elles aussi avoir beaucoup de réunions.

Dans le taxi qui le menait à l'hôtel, Hector ne vit qu'une seule maison qui ressemblait à une vraie maison chinoise avec un toit rigolo : elle était coincée entre deux grands immeubles et c'était un magasin d'antiquités. Son hôtel était une tour en verre qui ressemblait à tous les hôtels dans lesquels il avait été invité pour les congrès organisés par les laboratoires. Il se dit que ça commençait à ne plus ressembler tout à fait à des vacances.

Heureusement, Hector avait un ami qui s'appelait Édouard et qui habitait cette ville. Ils avaient été au lycée ensemble, mais après au lieu de faire psychiatre, Édouard avait fait banquier, et maintenant il avait beaucoup de cravates en soie avec de petits animaux dessinés dessus, il jouait au golf et lisait tous les jours des journaux en anglais avec des chiffres, un peu comme Charles, sauf qu'Édouard, lui, n'était jamais entré dans une usine.

Hector et Édouard se retrouvèrent pour dîner dans un très beau restaurant, tout en haut d'une tour. C'était magnifique, on voyait les lumières de la ville et les bateaux sur la mer. Mais Édouard n'avait pas l'air d'y faire attention, il regardait surtout la carte des vins.

— Français, italien ou californien ? demanda-t-il tout de suite à Hector.

Hector lui répondit : « Qu'est-ce que tu préfères ? » Car comme on l'a déjà dit, il savait répondre à une question par une autre question, et du coup, Édouard réussit à trouver tout seul quels vins commander.

Édouard avait l'air d'avoir pas mal vieilli depuis la dernière fois qu'Hector l'avait rencontré. Il avait des poches sous les yeux, un peu sous le menton aussi, et il avait l'air très, très fatigué. Il expliqua à Hector qu'il travaillait quatre-vingts heures par semaine. Hector calcula que c'était presque deux fois plus que lui, et il eut vraiment de la peine : c'était terrible de travailler autant. Mais quand Édouard lui raconta ce qu'il gagnait comme argent, Hector calcula que c'était sept fois plus que lui, alors il eut moins de peine pour Édouard. Et quand il vit le prix des vins qu'Édouard avait commandés, il se dit qu'heureusement qu'Édouard gagnait autant d'argent, parce qu'autrement, comment il serait arrivé à payer ?

Comme c'était un vieux copain, Hector se sentit à l'aise pour lui demander s'il était heureux. Édouard rit, mais pas avec un rire comme quand les gens sont vraiment contents. Il expliqua à Hector que quand on travaille autant, on n'a même pas le temps de se poser la question. Et c'est pour ça, d'ailleurs, qu'il allait démissionner de son travail.

— Tout de suite ? demanda Hector. Il était surpris, et il se demanda si Édouard avait brusquement décidé ça en voyant que lui-même avait l'air moins fatigué que lui.

— Non, j'arrêterai quand j'aurai gagné trois millions de dollars.

Édouard expliqua que c'était courant dans son travail. Les gens travaillaient beaucoup, et puis dès qu'ils avaient gagné assez d'argent, ils démissionnaient et ils faisaient autre chose, ou même rien du tout.

— Ils sont heureux alors ? demanda Hector.

Édouard réfléchit très fort et il dit que le problème, c'est qu'après des années à travailler comme ça, beaucoup de ces gens étaient un peu détraqués quand ils s'arrêtaient : ils avaient des problèmes de santé, certains avaient pris l'habitude de prendre de mauvaises pilules pour pouvoir travailler plus longtemps et ils avaient du mal à s'en passer.

Souvent ils avaient divorcé à cause des réunions qui les empêchaient de voir leur femme. Ils se faisaient du souci pour leur argent (parce que même quand on en a gagné beaucoup, on peut le perdre, surtout si on commande tous les jours des vins comme Édouard) et souvent ils ne savaient plus très bien quoi faire, parce qu'ils n'avaient rien fait d'autre que travailler.

— Certains s'en tirent quand même très bien, dit Édouard.

— Lesquels ? demanda Hector.

— Ceux qui continuent, répondit Édouard.

Et il s'arrêta de parler pour regarder l'étiquette de la bouteille de vin que lui tendait le sommelier chinois (c'est comme un sommelier normal, sauf qu'il est chinois).

Hector demanda à Édouard de lui expliquer en quoi consistait son travail : ça s'appelait les « fusions-acquisitions ». Là, Hector était un peu au courant, parce que deux laboratoires pharmaceutiques qui fabriquaient des pilules pour les psychiatres avaient fait une fusion. Ils étaient devenus un seul gros laboratoire avec un nouveau nom qui ne voulait rien dire. Ce qui était curieux, c'est qu'après le gros laboratoire avait moins bien marché que les deux plus petits d'avant. Hector avait compris que pas mal de gens (ceux qui lisent les pages avec des colonnes de chiffres dans les journaux) avaient perdu beaucoup d'argent et n'étaient pas contents. À la même époque, des gens qui travaillaient dans les deux anciens laboratoires et qu'il connaissait parce qu'ils l'invitaient dans les congrès étaient venus le consulter à son cabinet ! Ils avaient très peur ou ils étaient très tristes, parce que même si le nouveau laboratoire avait un seul nom, les gens des deux anciens laboratoires se reconnaissaient quand même entre eux, ils ne s'entendaient pas très bien, et beaucoup craignaient de perdre leur travail.

Édouard dit que ça ne l'étonnait pas parce que les fusions, c'était souvent comme ça : à la fin ça ne marchait pas très bien, des gens riches perdaient de l'argent et des gens moins riches perdaient leur travail.

– Mais alors pourquoi on continue à en faire ? demanda Hector.

– Pour nous donner du boulot ! dit Édouard en rigolant.

Ça lui faisait plaisir de voir Hector, il avait l'air beaucoup plus content qu'au début du dîner.

Édouard expliqua aussi que les fusions, c'était comme les trois millions de dollars : les gens qui décident les fusions espèrent qu'ils seront plus heureux après, parce qu'ils seront plus riches ou plus importants.

Hector se dit que ce dîner était très intéressant, qu'il aurait plein de choses à noter sur le bonheur, mais il regretta d'avoir déjà bu autant de vin, parce qu'il commençait à s'embrouiller un peu.

Hector s'approche du bonheur

Édouard avait l'air très content à la fin du dîner, mais apparemment ça ne lui suffisait pas parce qu'il voulait absolument aller avec Hector dans un autre endroit.

– Il faut que tu connaisses la Chine ! il disait, même si Hector se demandait si le genre d'endroits qu'aimait Édouard, comme ce restaurant, c'était vraiment la Chine. Il aurait préféré rentrer à son hôtel pour noter ce qu'il venait d'apprendre sur le bonheur, mais comme Édouard était un copain, il accepta de le suivre.

À l'entrée, il y avait un très grand Chinois très bien habillé, avec un fil de micro derrière l'oreille. Quand il vit Édouard, il lui fit un petit clin d'œil.

À l'intérieur, c'était comme un très grand bar, avec de la jolie musique et un éclairage très doux, et pas mal de gens comme Hector et Édouard, c'est-à-dire pas seulement des Chinois. Tout de suite Hector remarqua qu'il y avait des Chinoises aussi jolies que dans les films, certaines tellement jolies que ça faisait un peu mal de les regarder. Elles avaient l'air de bien s'amuser, elles parlaient avec les gens comme Hector et Édouard, et eux aussi ils avaient l'air de bien s'amuser.

Édouard commanda une bouteille de vin blanc, et on la posa dans un seau avec de la glace sur le bar juste à côté d'eux. Presque tout de suite, une jolie Chinoise vint parler à Édouard. Ils devaient bien se connaître parce qu'elle riait à toutes les plaisanteries d'Édouard et, de temps en temps, elle lui disait des choses à l'oreille qui le faisaient rire aussi.

Tout ça, c'était bien joli, mais Hector se souvenait quand même qu'il faisait ce voyage pour apprendre des choses sur le bonheur, et il ne voulait pas oublier ce qu'il avait compris pendant le dîner.

Il sortit son petit carnet, le posa sur le bar et commença à prendre des notes.

Il pensa à tous ces gens qui travaillaient beaucoup pour s'arrêter un jour avec trois millions de dollars.

Leçon n° 3 : Beaucoup de gens voient leur bonheur seulement dans le futur.

Et puis il pensa à ceux qui décident les fusions.

Leçon n° 4 : Beaucoup de gens pensent que le bonheur, c'est d'être plus riche ou plus important.

– Qu'est-ce que vous faites ?

Hector leva les yeux et vit la plus jolie Chinoise de sa vie, qui le regardait en souriant. (En fait, elle avait dit : « *What are you doing ?* », mais comme ce livre, ce n'est pas des devoirs de vacances, on va tout vous traduire.)

Hector était assez ému, mais il arriva à expliquer en anglais qu'il prenait des notes pour comprendre ce qui rendait les gens heureux et malheureux. La jolie Chinoise eut un petit rire très charmant et Hector comprit qu'elle avait cru qu'il avait fait une plaisanterie. Alors il lui expliqua un peu plus pourquoi il prenait des notes et là, elle arrêta de rire et le regarda d'un drôle d'air, mais même son drôle d'air était très charmant, si vous comprenez ce que je veux dire.

Hector fit connaissance avec la très jolie Chinoise. Elle s'appelait Ying Li et elle était étudiante.

– Étudiante en quoi ? demanda Hector.

– En tourisme, répondit Ying Li.

Hector comprit pourquoi elle venait dans cet endroit, parce que c'était vraiment un bon moyen pour connaître les touristes qui venaient visiter la Chine. Ying Li lui posa des questions sur ce qu'il faisait dans la vie et Hector lui raconta l'histoire des gens qui ont peur, qui sont tristes ou qui ont des pensées bizarres. Ying Li avait l'air de trouver ça très intéressant et elle dit que quand elle était triste, elle allait voir ses amies, et qu'après ça allait mieux. Hector lui demanda si elle vivait depuis toujours dans cette ville, et Ying Li commença à lui raconter qu'elle venait d'une autre partie de la Chine, là où les gens sont très pauvres et qu'elle était bien contente d'être là. Elle avait des sœurs, mais elles étaient restées là-bas. Les sœurs, elles n'étaient pas étudiantes en tourisme, elles travaillaient dans le genre d'usines qu'avait installées Charles en Chine. Ying Li continua de parler à Hector, parce que le truc d'Hector, s'intéresser vraiment aux gens, ça se mettait en marche sans même qu'il s'en rende compte.

Au bout d'un moment, Édouard lui tapa sur l'épaule : « Ça va, tu t'amuses bien ? » Hector dit que oui, ça allait, mais il pensait que s'amuser n'était pas du tout le mot qui convenait : il se sentait amoureux de Ying Li.

Elle, elle continuait son histoire, mais Hector n'écoutait pas toujours, parce qu'elle était tellement mignonne que c'était difficile de la regarder et de l'écouter en même temps.

Finalement, les gens commencèrent à partir, et eux aussi. Ils se retrouvèrent à quatre dans un taxi qui attendait dehors : Édouard et son amie chinoise, Ying Li, et Hector qui s'était assis à côté du chauffeur. Édouard donna des indications en chinois au chauffeur. Ils se retrouvèrent bien vite devant l'hôtel d'Hector et là il réalisa qu'il n'avait pas demandé son téléphone à Ying Li. Mon Dieu, comment il allait faire pour la revoir ? Mais il avait tort de se faire du souci, parce que Ying Li descendit du taxi juste après lui, et Édouard et sa Chinoise repartirent en les laissant seuls devant l'hôtel.

Hector se sentit un peu gêné, mais il se dit qu'un homme, même un psychiatre, doit savoir prendre des décisions, alors il prit la main de Ying Li, ils traversèrent le hall de l'hôtel sans regarder les gens du personnel derrière le comptoir, et ils se retrouvèrent dans l'ascenseur. Et là, Ying Li l'embrassa.

La suite, ce n'est pas la peine de la raconter parce que bien sûr Hector et Ying Li allèrent dans la chambre d'Hector, où ils firent ensemble ce que font les gens quand ils sont amoureux, et ça tout le monde sait comment c'est.

Le lendemain matin, quand Hector se réveilla, il entendit Ying Li qui chantonnait dans la salle de bains. Cela lui fit très plaisir, même s'il avait très mal à la tête à cause de toutes les bouteilles qu'avait commandées Édouard.

Ying Li sortit de la salle de bains, avec une serviette enroulée autour d'elle, et quand elle vit qu'Hector était réveillé, elle eut un autre petit rire charmant.

À ce moment-là, le téléphone sonna et Hector décrocha. C'était Édouard, qui lui demandait si la soirée s'était bien passée. Hector dit que oui, mais c'était difficile d'en expliquer plus devant Ying Li qui le regardait.

– Je l'avais choisie pour toi, dit Édouard, j'étais sûr qu'elle te plairait. Ne t'inquiète pas, je me suis occupé de tout.

Alors, tout d'un coup, Hector, il comprit tout. Et il vit que Ying Li venait de comprendre qu'il avait compris et elle arrêta de sourire, et elle eut l'air un peu triste.

Hector aussi, il se sentit triste, mais il fut quand même gentil avec Ying Li et lui fit un petit baiser sur la joue quand elle partit en lui laissant son numéro de téléphone.

Il se remit au lit et, après un moment, il prit son petit carnet. Il réfléchit et il nota :

Leçon n° 5 : Le bonheur, parfois, c'est de ne pas comprendre.

Hector est malheureux

Hector ne se sentait pas bien du tout ce matin-là. Il sortit de son hôtel et décida d'aller boire un café. Il trouva un grand café très moderne, où l'on ne servait que du café justement, mais quantité de variétés. Il avait déjà vu des endroits comme ça avec le même nom dans presque toutes les grandes villes du monde où il avait été en congrès, alors c'était pratique, il savait déjà comment commander dans ce genre d'endroit, sauf que ce café-là, il était plein de Chinois et de Chinoises qui discutaient ou lisaient le journal, et les serveurs et les serveuses étaient chinois aussi.

Il s'assit près de la vitre, pour regarder la rue (où passaient beaucoup de Chinois, mais ça, vous l'aviez déjà deviné).

Il se sentait un peu malheureux.

Mais au fond, être malheureux, ça pouvait

aussi lui apprendre quelque chose sur le bonheur. Au moins ça servirait pour son voyage. Il commença à réfléchir : pourquoi il était malheureux ?

D'abord parce qu'il avait mal à la tête, parce que Édouard avait commandé trop de bouteilles, Hector n'était pas habitué à boire autant.

Ensuite, il était malheureux à cause de Ying Li.

Ying Li c'était un nom tout simple, mais Hector, il était malheureux pour des raisons assez compliquées. Et il n'avait pas trop envie d'y réfléchir, parce que ces raisons n'étaient peut-être pas agréables à s'avouer. Ça lui faisait même un peu peur. Il connaissait bien cette peur, c'est celle qui empêchait ses patients de réfléchir vraiment à leurs problèmes, et lui son travail, c'était justement de les aider à surmonter la peur et de reconnaître vraiment ce qui leur arrivait.

À ce moment-là, la serveuse vint lui demander s'il voulait à nouveau du café. Elle était jeune et assez mignonne, elle lui rappela Ying Li, et ça lui fit un petit coup au cœur.

Hector ouvrit son carnet et il commença à faire des petits dessins qui ne voulaient rien dire. Ça l'aidait à réfléchir. (Parfois il en faisait quand ses patients lui parlaient trop longtemps au téléphone.)

Il était malheureux aussi parce qu'il se sentait mal en pensant à Clara. Bien sûr, elle ne saurait jamais ce qui s'était passé avec Ying Li, mais quand même. D'un autre côté, si Clara était venue avec lui en Chine, il n'aurait jamais rencontré Ying Li. Avec Clara, Hector était toujours sage, et donc il n'aurait pas été faire des bêtises avec Édouard, et donc tout ça c'était quand même un peu de la faute de Clara. Après avoir pensé ça, il se sentit un peu moins malheureux.

Mais ce n'était pas fini : Hector était aussi malheureux parce qu'il n'avait rien compris à tout ce qui était arrivé. Il avait cru que Ying Li était venue vers lui parce qu'elle le trouvait intéressant avec son petit carnet, et qu'ensuite elle l'avait suivi jusqu'à l'hôtel parce qu'elle l'avait trouvé de plus en plus intéressant. Bien sûr, ce n'était pas du tout ça. Ying Li faisait son travail et elle devait trouver ça moins pénible que de passer ses journées comme ses sœurs, dans les usines de Charles. Quand ils étaient encore au bar et que Ying Li racontait sa vie à Hector (mais elle ne lui avait pas tout raconté bien sûr, il le comprenait maintenant), elle lui avait dit ce que gagnaient ses sœurs en un mois de travail : il avait calculé que c'était la moitié du prix de la bouteille de vin blanc qu'Édouard avait commandée et qui était là, tout près d'eux, scintillant au milieu des glaçons.

Hector n'était pas triste parce que maintenant il avait découvert le travail de Ying Li (en fait ça le rendait un peu triste quand même) mais parce que hier soir il n'avait rien compris. Ou plutôt il était triste parce que ce matin, il avait compris qu'il n'avait rien compris, parce que au moment où il n'avait rien compris il n'était pas triste du tout, mais maintenant qu'il avait compris qu'il n'avait rien compris il était triste, si vous arrivez à suivre. Comprendre qu'on n'a rien compris, ce n'est jamais agréable, mais pour un psychiatre, c'est encore pire.

La mignonne serveuse chinoise revint lui demander s'il voulait encore du café, et puis elle rit en voyant ce qu'il avait dessiné sur son carnet. Hector regarda : sans réfléchir, il avait dessiné des tas de petits cœurs.

La serveuse repartit et il vit qu'elle parlait de lui à ses collègues, et elles avaient toutes l'air de bien s'amuser.

Hector n'était toujours pas de très bonne humeur, alors il paya et il sortit du café.

Dehors, en voulant traverser la rue, il faillit se faire écraser, parce qu'il avait oublié : dans cette ville, les voitures roulaient à gauche. Ça ne sert à rien de regarder en traversant la rue si vous ne regardez pas du bon côté.

Il se demanda ce qu'il allait faire. Il ne pouvait pas aller voir Édouard, parce que lui n'était pas en vacances, il travaillait toute la journée dans un bureau. Ils avaient prévu de dîner encore ensemble ce soir, mais Hector n'était plus sûr d'en avoir envie.

Au fond, il en voulait un peu à Édouard. Il comprenait bien qu'Édouard avait voulu lui faire plaisir, mais quand même, le résultat c'est que ce matin, Hector se sentait malheureux. Édouard aimait bien boire pas mal de bouteilles, alors Hector en avait bu aussi. Édouard aimait bien rencontrer des Chinoises dont le métier c'était de faire plaisir aux gens comme lui justement, alors Hector avait rencontré Ying Li.

Hector se dit qu'au fond, Édouard était un peu comme ces amis qui font très bien du ski. Un jour, ils vous emmènent en haut d'une piste très difficile et ils vous disent que vous allez bien vous amuser en les suivant. En fait, s'ils vous ont emmené là, c'est parce qu'eux ont envie de skier sur une piste très difficile parce qu'eux, ils skient très bien. Mais vous, vous ne vous amusez pas du tout en essayant de les suivre, vous avez peur, vous tombez, vous aimeriez que ça s'arrête mais vous êtes bien obligé de descendre, et vous vous sentez très malheureux pendant que vos amis sautent les bosses en poussant des cris de joie, ces abrutis.

En marchant, Hector arriva par hasard devant une petite gare avec une seule voie. En fait ce n'était pas un train normal, mais de ceux qu'on trouve en montagne, parce que la ville, elle était construite au pied d'une montagne si vous vous souvenez bien. Et ce petit train montait jusqu'en haut de la montagne.

Hector pensa que ça lui ferait du bien de prendre un peu d'altitude, alors il acheta un billet à un vieux Chinois avec une casquette, et il s'assit dans un petit wagon en bois.

En attendant que le train démarre, il se mit à réfléchir, et il pensa encore à Ying Li. Il la revoyait quand elle était sortie toute contente de la salle de bains avec la serviette enroulée autour d'elle. Quand elle avait arrêté de sourire, parce qu'elle avait compris qu'Hector avait compris. Après elle avait eu l'air triste et ils avaient eu du mal à se parler.

Le petit train démarra et commença à monter au milieu des immeubles, puis très vite de la forêt, puis des nuages parce qu'il ne faisait pas beau du tout, puis il y eut du ciel bleu, et Hector vit de belles montagnes vertes tout autour, et puis tout en bas la mer avec des bateaux.

C'était très beau, mais Hector se sentait toujours malheureux.

Hector s'approche de la sagesse

La gare en haut de la montagne était beaucoup plus grande que celle d'en bas. C'était un grand cube de béton. À l'intérieur, il y avait des restaurants, des magasins de souvenirs et même un musée de cire avec des statues de Tony Blair ou Sylvester Stallone. Tout ça ressemblait de moins en moins au *Lotus bleu*, et Hector, ça commençait à l'énerver, surtout que déjà il n'était pas de très bonne humeur. Il sortit de la gare et se mit à marcher sur une route qui montait plus haut dans la montagne.

Plus il montait, moins il croisait de monde. À la fin, il se retrouva tout seul à marcher sur la route. Les montagnes autour étaient très belles, toutes vertes et assez pointues, on voyait bien que c'étaient des montagnes chinoises. Hector était essoufflé, mais il se sentait beaucoup mieux.

Il s'arrêta pour marquer sur son carnet :

Leçon n° 6 : Le bonheur, c'est une bonne marche en montagne.

Il réfléchit et il barra « en montagne » qu'il remplaça par « au milieu de belles montagnes inconnues ».

Il vit un petit panneau au bord de la route avec des caractères chinois, mais heureusement, c'était écrit en anglais au-dessous : « Tsu Lin Monastery ». Hector était très content. Dans un monastère, il y a toujours des moines, et peut-être que dans celui-là il y aurait un vieux moine qui ressemblerait au père de Tchang et qui aurait des choses intéressantes à lui raconter sur le bonheur.

Le chemin du monastère montait de plus en plus dur, mais Hector ne sentait plus la fatigue, parce qu'il était impatient d'arriver. De temps en temps, à un tournant du chemin, il apercevait le monastère et là, ô merveille, c'était exactement comme dans *Le Lotus bleu*, le monastère avait l'air vraiment chinois avec de jolis toits tout ondulés et des petites fenêtres carrées.

Il tira sur une corde à l'entrée, entendit une cloche sonner et un moine vint lui ouvrir. Il était jeune, il ressemblait plutôt à Tchang lui-même qu'à son père, mais il avait le crâne rasé et une grande robe orange. Il parlait un très bon anglais, et il expliqua à Hector que les visites, c'était une fois par semaine et justement pas ce jour-là. Hector était très déçu : à peine il commençait à se sentir mieux et zut, voilà une mauvaise nouvelle.

Alors il insista un peu, il expliqua qu'il venait de très loin, il était psychiatre et il cherchait à comprendre pourquoi les gens étaient heureux et malheureux, et il ne pourrait pas rester jusqu'à la semaine prochaine pour attendre le jour de visite. Le jeune moine eut l'air embêté, il dit à Hector d'attendre et il le laissa seul dans une petite entrée.

Il y avait des objets à vendre que fabriquaient les moines, de petites statues, de jolies soucoupes, et Hector se dit qu'il allait en acheter une pour faire un cadeau à Clara.

Le jeune moine revint et là Hector fut très content parce qu'il était accompagné d'un vieux moine qui devait être aussi âgé que le père de Tchang ! Le vieux moine commença à rigoler dès qu'il vit Hector et il lui dit : « Bonjour. Alors vous venez de loin, à ce qu'il paraît ? » Et il le dit exactement comme ça, on n'a rien traduit, le vieux moine, il parlait la langue d'Hector aussi bien qu'Hector !

Il emmena Hector dans son bureau, et Hector s'attendait à s'agenouiller sur des petites nattes dans un endroit où il n'y avait pas de chaises. Mais pas du tout, le bureau du moine ressemblait un peu à celui d'Hector avec un vrai bureau, des chaises, beaucoup de livres, un ordinateur, deux téléphones, des petites statuettes mais chinoises celles-là, et aussi une très belle vue sur les montagnes.

Le vieux moine lui expliqua que dans sa jeunesse, il avait passé quelques années dans le pays d'Hector, bien avant qu'Hector soit né. Il était étudiant, mais pour gagner sa vie, il faisait la vaisselle dans une grande brasserie où aujourd'hui Hector allait parfois déjeuner. Il posa à Hector plein de questions pour savoir si les choses étaient différentes aujourd'hui dans son pays, et tout ce que disait Hector avait l'air de lui faire plaisir.

Hector expliqua les raisons de sa visite. Il voyait de plus en plus de gens assez malheureux sans vrais malheurs, et il voulait comprendre pourquoi.

Le vieux moine écoutait Hector en faisant très attention, et Hector se dit que lui aussi, il s'intéressait vraiment aux gens.

Hector lui demanda s'il avait des choses intéressantes à dire sur le bonheur.

Le vieux moine dit : « La première grande

erreur, c'est de croire que le bonheur est le but ! » Et il recommença à rigoler.

Hector aurait voulu qu'il s'explique un peu plus, mais le vieux moine, il aimait bien parler sans trop s'expliquer.

Pourtant, dans le pays d'Hector, de plus en plus de gens se mettaient à suivre la même religion que celle du vieux moine (même si ce n'était pas vraiment une religion, mais là ça serait un peu compliqué à expliquer). Ils pensaient que ça allait les rendre plus heureux.

Le vieux moine dit que oui, d'accord, mais que souvent, les gens dans les pays comme celui d'Hector ne comprenaient pas vraiment sa religion, qu'ils l'avaient accommodée à leur manière, un peu comme dans les restaurants chinois de la ville d'Hector où on ne mange pas de la vraie cuisine chinoise. Mais le vieux moine trouvait que même si c'était un peu dommage, ce n'était pas grave, parce que ça pouvait quand même les aider à être moins inquiets et plus gentils avec les autres. D'un autre côté, il se demandait bien pourquoi les gens du pays d'Hector s'intéressaient tant à sa religion, alors qu'il y avait plusieurs vieilles religions locales tout à fait bien. Ils auraient peut-être mieux fait de continuer à s'y intéresser, ils auraient eu plus de chances de bien les comprendre.

Hector dit que c'était bien compliqué, que peut-être les gens aimaient la religion du vieux moine parce que avec elle, il n'y avait pas de mauvais souvenirs, alors ça donnait un espoir : les gens pensaient que cette religion-là, elle allait vraiment marcher.

En tout cas elle avait l'air de marcher pour le vieux moine, parce que Hector n'avait jamais vu quelqu'un d'aussi content et qui rigolait aussi souvent, mais pas pour se moquer. Et pourtant il était très vieux et sa vie n'avait pas dû être toujours très amusante.

Hector se souvenait qu'à une certaine époque, les gens qui dirigeaient la plus grande partie de la Chine s'étaient dit que les moines, ce n'étaient pas des gens utiles, et là il s'était passé des choses terribles, terribles à raconter même. Et le vieux moine venait de cette partie de la Chine, et donc il avait dû connaître tout ça, mais ça ne l'empêchait pas d'avoir l'air heureux.

Hector aurait bien voulu qu'il lui révèle son secret sur le bonheur.

Le vieux moine le regardait en rigolant, et puis il dit :

— Votre voyage, c'est une très bonne idée. Quand vous aurez fini, revenez me voir.

Hector fait une découverte

Le soir, Hector alla attendre Édouard à son bureau pour aller dîner. On était dimanche, mais Édouard travaillait quand même parce qu'il avait un devoir à rendre pour le lendemain. Il allait montrer comment faire une fusion-acquisition à un monsieur très important, et il voulait y arriver avant un autre Édouard d'une autre banque qui voulait montrer la même chose au monsieur important. Et le monsieur très important lui-même, il voulait faire cette fusion-acquisition plus vite qu'un autre monsieur très important qui en avait envie aussi. Hector avait compris que dans les affaires, c'est toujours un peu la course, alors qu'en psychiatrie, pas tellement, il faut juste ne pas laisser les patients vous parler trop longtemps, autrement, on est en retard pour les suivants et ils ne sont pas contents.

Hector chercha le bureau d'Édouard au

milieu de grandes tours très modernes juste au bord de la mer. Mais il n'y avait pas de plage, rien que des quais avec de gros bateaux ou des chantiers pour construire de nouvelles tours.

Les voitures passaient dessous, alors c'était pratique, Hector pouvait marcher entre les grandes tours sans risquer de se faire écraser. Il arriva devant la tour d'Édouard, très belle et très brillante. On aurait dit une lame de rasoir géante. Comme il était un peu en avance, il décida de prendre un autre café, et ça tombait bien parce que là aussi il y avait un grand café moderne tout vitré.

Cette fois, les serveuses n'étaient pas très jolies, et Hector fut soulagé, parce que la beauté, c'est fatigant à force. D'ailleurs, être si sensible à la beauté des femmes, Hector pensait que c'était un peu une infirmité. Et même s'il savait qu'il n'était pas le seul à en souffrir, il espérait s'en débarrasser un jour. Mais ce n'était pas très bien parti, comme vous l'avez sûrement compris.

Il appela Édouard qui eut l'air content de l'entendre, mais il avait encore du travail. Il dit à Hector de continuer à l'attendre dans le café, il viendrait le retrouver.

Hector commença à boire un grand café en regardant l'entrée de la tour.

Et là il aperçut ce qu'il avait déjà remarqué plusieurs fois en arrivant dans le quartier : un groupe de petites femmes chinoises avaient étendu une grande toile cirée par terre, elles s'étaient assises dessus, toutes groupées comme une classe qui fait un pique-nique. En les regardant de plus près, Hector vit qu'elles n'étaient pas tout à fait comme des Chinoises ; elles étaient dans l'ensemble un peu plus petites, assez menues et un peu bronzées. Elles avaient l'air de bien s'amuser, elles discutaient sans arrêt et riaient très souvent. Il avait croisé plusieurs groupes comme ça en arrivant dans le quartier : elles avaient étendu leurs toiles cirées à l'entrée des halls des tours, sous les passerelles, partout où l'on est à l'abri de la pluie, tout en restant à l'extérieur.

Hector se demanda si elles se réunissaient comme ça pour pratiquer une nouvelle religion. Il aurait bien aimé la connaître, c'était peut-être celle du vieux moine, parce qu'elles aussi elles riaient assez souvent.

Il commença à guetter l'arrivée d'Édouard en regardant les gens qui sortaient de la tour. C'étaient surtout des Chinois, mais habillés comme Édouard le week-end, avec des polos chics et des petites chaussures pour sortir en bateau, et rien qu'à leur manière de marcher, Hector devinait qu'ils avaient été dans les mêmes écoles qu'Édouard, là où on fait des études pour devenir riche. (N'oubliez pas qu'Hector est psychiatre : il suffit qu'il regarde les gens pour comprendre où ils ont été à l'école et si leur grand-père collectionnait des papillons.) Il y avait aussi des Occidentaux comme Édouard, et rien qu'à leur allure Hector essayait de deviner de quels pays ils venaient. Sans doute se trompait-il de temps en temps, mais comme il ne pouvait pas vérifier, il ne le savait pas, et donc il s'amusait bien, et de temps en temps même, il rigolait tout seul.

Les collègues d'Édouard qui sortaient des tours, eux, ils n'avaient pas l'air de s'amuser, ils avaient l'air fatigués, certains marchaient en regardant par terre comme s'ils avaient de gros soucis. Quand ils sortaient à plusieurs et qu'ils parlaient entre eux, ils avaient l'air très sérieux et on avait parfois l'impression qu'ils s'énervaient les uns contre les autres. Certains avaient l'air tellement préoccupés, comme s'ils regardaient à l'intérieur de leur tête, qu'Hector aurait presque eu envie d'aller à leur rencontre et de leur prescrire des petites pilules.

Ce café aurait été un bon endroit où s'installer pour un psychiatre s'il avait parlé un peu mieux l'anglais.

Finalement il vit arriver Édouard, et cela lui fit plaisir, parce que voir un ami dans un pays étranger, cela fait toujours plus plaisir que le croiser au coin de sa rue, même quand on lui en veut un peu. Édouard, il avait l'air très content de voir Hector, et pour fêter ça, il commanda tout de suite une bière.

Hector dit à Édouard qu'il avait l'air d'avoir meilleur moral que tous ses collègues qu'il avait vus sortir de la tour.

Édouard expliqua que c'était parce qu'il était content de voir Hector, parce que certains soirs, si Hector voyait sa tête...

— Tu m'enverrais direct à l'hosto ! il dit. Et il se mit à rigoler.

Et puis il expliqua que depuis quelques semaines, les marchés n'étaient pas bons, c'était pour ça que ces collègues n'avaient pas l'air en forme.

— Ils risquent d'être ruinés ? demanda Hector.

— Non, ils risquent d'avoir un mauvais bonus, ou de se faire virer si la banque réduit la voilure. Mais à ce niveau, on retrouve toujours un job. Simplement, il faut accepter d'aller où il y en a.

Hector comprit que là où il y en avait, des jobs, c'étaient d'autres villes du monde avec des tours en forme de lame de rasoir géante, et des hôtels comme ceux pour les congrès.

Il demanda à Édouard qui étaient toutes ces petites femmes qu'on voyait partout en groupe sur leurs toiles cirées. Édouard expliqua que c'étaient des femmes de ménage qui venaient toutes du même pays, un groupe de petites îles très pauvres assez loin de la Chine. Elles travaillaient dans cette ville (et dans d'autres villes du monde) pour envoyer de l'argent à leurs familles qui étaient restées là-bas.

— Mais pourquoi se réunissent-elles là, sur ces toiles cirées ? demanda Hector.

— Parce qu'elles n'ont nulle part ailleurs où aller, dit Édouard. C'est dimanche, leur jour de congé, elles ne peuvent pas rester chez leur patron, elles n'ont pas les moyens de venir dans un café, alors elles se retrouvent là, ensemble, par terre.

Édouard expliqua aussi que comme il y avait beaucoup d'îles dans leur pays, souvent elles se regroupaient par île ou par village, et c'était un peu comme si toutes ces toiles cirées dessinaient une carte de cet archipel très pauvre au milieu de ces tours très riches.

Hector regarda ces petites femmes qui n'avaient nulle part où aller et qui riaient, il regarda les collègues d'Édouard qui sortaient de la tour avec l'air très sérieux, et il se dit que le monde était un endroit très merveilleux ou très horrible, c'était difficile à dire.

Quand ils sortirent du café, Hector voulut aller parler à ces femmes, parce que ça lui paraissait un point capital pour son enquête. Il s'approcha d'un groupe, et elles s'arrêtèrent toutes de parler et de sourire en le voyant s'approcher. Hector pensa qu'elles croyaient peut-être qu'il allait leur demander de s'en aller. Mais Hector, les gens sentaient vite qu'il n'était pas méchant, et elles recommencèrent à rire en l'entendant parler anglais. Il expliqua qu'il les regardait depuis un certain temps et qu'elles avaient l'air contentes. Il voulait savoir pourquoi. Elles se regardèrent en faisant des petits rires, et puis une lui dit :

— Parce que c'est notre jour de congé !

Et puis une autre dit :

— Parce que nous sommes avec nos amies.

— Oui, voilà, dirent les autres, parce qu'on se retrouve entre amies, et même en famille, parce que pas mal étaient cousines.

Hector leur demanda quelle était leur religion. Eh bien, c'était la même religion qu'Hector ! Ça datait de l'époque, il y a bien longtemps, où les gens de la religion d'Hector avaient occupé leurs îles, parce qu'à l'époque ils avaient tendance à penser que tout était à eux.

Mais elles n'avaient pas l'air d'en vouloir à Hector pour ça parce qu'elles lui dirent toutes au revoir en souriant et en agitant les mains.

Hector n'est pas amoureux

Leçon nº 1 : Un bon moyen de gâcher son bonheur, c'est de faire des comparaisons.

Leçon nº 2 : Le bonheur arrive souvent par surprise.

Leçon nº 3 : Beaucoup de gens voient leur bonheur seulement dans le futur.

Leçon nº 4 : Beaucoup de gens pensent que le bonheur, c'est de devenir plus riche ou plus important.

Leçon nº 5 : Le bonheur, parfois, c'est de ne pas comprendre.

Leçon nº 6 : Le bonheur, c'est une bonne marche au milieu de belles montagnes inconnues.

Hector regardait ce qu'il avait écrit sur son carnet. Il sentait qu'il y avait des choses intéressantes, mais il n'était pas très content quand même. Ça ne ressemblait pas à une vraie théorie du bonheur. (Une théorie, c'est une histoire que se racontent les grandes personnes et qui explique comment marchent les choses. On croit qu'elle est vraie jusqu'à ce que quelqu'un en invente une autre qui explique mieux.) Du coup, ça lui avait donné une idée : à la fin de son voyage, il irait montrer sa liste à un grand professeur spécialiste du bonheur.

Il avait une amie qui vivait dans le pays où il y a le plus de psychiatres au monde, et elle connaissait un professeur comme ça.

Hector était dans un restaurant italien, avec de petites nappes à carreaux, des bougies sur les tables, et un patron et une patronne qui avaient l'air de vrais Italiens. (En fait ils étaient Chiliens, ils avaient raconté ça à Hector, parce que même quand il était au restaurant, Hector avait l'air de s'intéresser vraiment aux gens et ceux qui venaient prendre sa commande lui racontaient d'abord leur vie alors que des fois Hector aurait juste voulu commander.) C'était dans une partie de la ville tout en pente, où il y avait encore de vieilles rues pavées et des maisons anciennes, et ça lui faisait plaisir de se retrouver là.

Vous vous demandez sans doute où était Édouard, mais vous allez bientôt comprendre.

Hector se souvint de sa visite au vieux moine. Il nota :

Leçon n° 7 : L'erreur, c'est de croire que le bonheur est le but.

Il n'était pas sûr de bien la comprendre, cette leçon-là, mais elle lui semblait très intéressante, et il se dit qu'à la fin de son voyage, il retournerait voir le vieux moine.

Il se souvint des petites femmes qui riaient assises sur leurs toiles cirées.

Leçon n° 8 : Le bonheur, c'est d'être avec les gens qu'on aime.

D'écrire ça, il sentit son cœur battre un peu plus fort.

Hector recommença à faire des dessins qui ne voulaient rien dire.

Parce que bien sûr, vous avez compris : Hector, il attendait Ying Li.

Quand il avait expliqué ça à Édouard, qu'il voulait revoir Ying Li, Édouard avait dit qu'aujourd'hui, ça ne serait pas possible, parce que le dimanche, l'endroit plein de jolies Chinoises où ils l'avaient rencontrée était fermé. Mais Hector avait dit qu'il ne voulait pas voir Ying Li pendant son travail. Il voulait l'inviter à dîner et d'ailleurs, il allait le faire puisqu'elle lui avait laissé son numéro de téléphone.

Alors là, Édouard avait regardé Hector d'un drôle d'air, et puis il avait dit :

— Mon pauvre vieux !

Hector s'était un peu énervé. Il ne fallait pas qu'Édouard le prenne pour un imbécile, il avait bien compris comment Ying Li gagnait sa vie, quand même ! Édouard avait dit qu'il ne prenait pas Hector pour un imbécile, mais il voyait qu'Hector était tombé amoureux, et ça, c'était bien pire que d'être un imbécile. Il se faisait du souci pour Hector.

Du coup, Hector s'était calmé, il avait compris qu'Édouard était toujours un bon copain. Mais il lui dit qu'il se trompait bien sûr, il n'était pas amoureux de Ying Li, il voulait juste la revoir. Il demanda à Édouard s'il avait déjà eu une petite amie chinoise. Édouard dit que non, pas vraiment, mais Hector vit qu'il ne disait pas tout à fait la vérité (n'oubliez pas qu'Hector est psychiatre). Alors Hector, ne dit plus rien en faisant « mmh... mmh... » et en espérant qu'Édouard allait en dire plus.

Mais visiblement, Édouard, il n'avait pas très envie de raconter l'histoire de « pas vraiment ». Il finit par dire avec un soupir :

— Le problème ici, c'est que tu ne sais pas

si elles t'aiment vraiment pour toi ou pour ton passeport.

Et il ajouta au bout d'un moment :

– Je suis assez vieux pour me poser la question, mais pas encore assez pour me moquer de la réponse.

Et à la manière dont il dit ça, Hector comprit qu'Édouard avait été amoureux et que ça n'avait pas dû très bien se passer.

Et maintenant, Hector attendait Ying Li, tout seul à sa table dans ce petit restaurant italien !

Quand il lui avait téléphoné, elle avait eu l'air un peu surprise, mais elle avait tout de suite accepté l'invitation. (C'est Édouard qui avait conseillé le restaurant à Hector.)

Maintenant, il attendait, elle était en retard, et il se demandait si elle allait venir. Il avait commandé une bouteille de vin pour patienter, et il se dit que s'il restait encore longtemps ici à l'attendre, il allait la boire tout seul et finir par ressembler à Édouard.

Et puis Hector vit Ying Li entrer dans le restaurant, les cheveux un peu mouillés par la pluie et toujours terriblement belle, il se leva en faisant tomber sa chaise.

Tous les serveurs derrière le comptoir s'approchèrent pour prendre le manteau de Ying Li, et ils se marchaient presque sur les pieds.

Finalement Ying Li se retrouva assise en face d'Hector et ils commencèrent à se parler. Mais Ying Li était différente du premier soir, elle avait l'air un peu timide, comme si elle n'osait pas regarder Hector ou comme si elle avait peur de dire des bêtises.

Alors Hector commença à faire la conversation, à raconter un peu sa vie, comment était la ville dans laquelle il travaillait. Et là, Ying Li, elle l'écoutait, et même elle dit qu'elle aimait bien cette ville parce qu'on y fabriquait des choses qu'elle aimait bien. En effet Hector vit que sa montre, sa ceinture, son sac, avaient été fabriqués dans son pays à lui, même si Ying Li les avait achetés dans sa ville à elle. Hector se dit que ça aussi, c'était la mondialisation. Et puis il se souvint comment Ying Li gagnait son argent pour acheter toutes ces choses très chères, et du coup, la mondialisation, il se demanda si c'était vraiment une bonne chose.

Après, Ying Li osa parler un peu plus, mais on voyait bien que c'était difficile pour elle, parce qu'il y avait un sujet qu'ils voulaient éviter tous les deux, c'était son travail. Alors elle parla de sa famille.

Son père était un professeur, spécialiste de l'histoire de la Chine (comme en plus il était chinois, vous imaginez s'il devait bien la connaître). Mais quand Ying Li était enfant, les gens qui dirigeaient la Chine avaient décidé que les professeurs comme lui, c'étaient des inutiles, même un peu nuisibles, alors on l'avait envoyé avec sa famille très loin au fin fond de la Chine. Et là tout le monde travaillait dans les champs et plus personne n'avait le droit de lire des livres sauf celui écrit par l'homme qui dirigeait la Chine à cette époque-là. Et du coup les sœurs de Ying Li n'avaient pas été à l'école, parce que les enfants des inutiles nuisibles n'en avaient pas le droit, ils devaient apprendre la vie en labourant les champs. Comme Ying Li était plus jeune, elle avait quand même pu rattraper un peu d'école, mais son père était mort à ce moment-là (travailler dans les champs ça l'avait beaucoup fatigué, il n'avait pas réussi à s'habituer), elle n'avait pas pu faire beaucoup d'études.

C'est pour ça que ses sœurs, qui n'avaient jamais été à l'école, elles pouvaient juste faire ouvrières dans les usines de Charles. Et là, Ying Li s'arrêta de parler, parce qu'elle venait de se rendre compte que maintenant elle allait parler d'elle, pourquoi elle n'était pas ouvrière elle aussi, et c'était un sujet un peu délicat.

Hector est triste

Hector était encore dans un avion, et il était triste. Par le hublot, il voyait la mer, tellement loin en bas qu'on avait l'impression que l'avion n'avançait pas.

Il avait sorti son petit carnet, mais il ne trouvait rien à noter.

À côté de lui, il y avait une maman avec son bébé, mais non, il s'aperçut que ce n'était pas la maman, parce que le bébé était blond avec des yeux bleus comme une poupée (Hector ne savait pas si c'était un garçon ou une fille, et d'ailleurs ça lui était égal) et la dame qui le tenait ressemblait aux petites femmes asiatiques qu'il avait vues réunies sur leurs toiles cirées. Mais même si ce n'était pas sa maman, elle s'occupait très bien du bébé, elle le berçait, elle lui parlait, elle avait l'air de l'aimer beaucoup.

Hector était triste parce qu'il avait l'impression de quitter un endroit qu'il aimait, cette ville qu'il ne connaissait pourtant pas une semaine plus tôt.

Et Édouard aussi avait eu l'air triste en l'accompagnant à l'aéroport. On voyait bien qu'il avait été content qu'Hector vienne le voir. Dans cette ville, Édouard avait plein d'amis avec qui aller boire un verre et de jolies Chinoises qui lui parlaient à l'oreille, mais peut-être pas beaucoup de vrais copains comme Hector.

Bien sûr, il pensait à Ying Li.

Dans le restaurant, elle avait fini de raconter l'histoire de sa famille, Hector avait fini de parler de sa ville, et il y avait eu un petit silence.

Et puis, Ying Li avait dit :

— Vous êtes gentil.

Hector avait été surpris, parce qu'il savait qu'il était assez gentil, mais il se demandait ce que Ying Li voulait dire par là. Ensuite elle avait ajouté en baissant les yeux :

— Je n'ai pas l'habitude.

Et Hector, il avait eu un autre petit coup au cœur.

Ils se levèrent et les serveurs se bousculèrent pour mettre son manteau à Ying Li.

Ils se retrouvèrent dans une petite rue pavée.

Hector, bien sûr, il avait très envie de ramener Ying Li à son hôtel, mais il se sentait gêné parce que c'était faire exactement comme les messieurs avec qui elle faisait son travail. Et il sentait que Ying Li, elle était gênée aussi, même si elle avait envie de rester avec lui.

Alors ils entrèrent dans un bar au hasard, et là c'était très bizarre, il n'y avait pas beaucoup de monde, quelques Chinois qui avaient l'air de tous se connaître, et ils venaient tous chanter à tour de rôle sur la scène des chansons en chinois, sûrement des grands succès. Hector reconnut même un air de Charles Trenet, mais pas les paroles. Et les Chinois, ils rigolaient et ils se payaient des coups à boire. Ils ressemblaient assez aux compatriotes d'Hector, et il se souvint de ce qu'avait dit Charles dans l'avion : les Chinois, ils nous ressemblent, au fond.

Même Ying Li, ça la faisait rire, et Hector était content de la voir gaie. Et quand elle riait, il voyait combien Ying Li était jeune, malgré toutes ces choses très chères qu'elle portait sur elle ce soir-là.

Mais ce n'était sans doute pas une bonne idée d'aller dans ce bar, parce que quand Hector et Ying Li sortirent, une grosse voiture se gara juste devant eux.

Et le grand Chinois de l'autre soir, celui qui avait un petit fil de micro derrière l'oreille, il sortit de la voiture, et à l'arrière Hector vit qu'il y avait une dame chinoise, pas très jeune, qui regardait Ying Li d'un air pas content. Le grand Chinois, il ne regardait même pas Hector, il parlait à Ying Li, et elle lui répondait d'un air gêné. Comme ils se parlaient en chinois, Hector ne comprenait pas ce qu'ils disaient, mais il devinait quand même que le Chinois posait des questions à Ying Li sur un ton pas très gentil, et qu'elle était embarrassée pour lui répondre. Alors Hector, il prit exprès l'air idiot du monsieur content qui ne comprend rien, et il demanda en anglais au Chinois :

— Est-ce que c'est vous que je dois payer ?

Le grand Chinois eut l'air un peu surpris, mais ça le calma. Il sourit même à Ying Li, mais ce n'était pas un sourire gentil. Il répondit que non, ce n'était pas la peine, qu'Hector n'avait qu'à payer Ying Li. Et il remonta dans sa grosse voiture et repartit en appuyant très fort sur l'accélérateur. Mais ça, Hector ne le vit pas, parce que Ying Li était dans ses bras et qu'elle pleurait.

Ensuite, c'était plus facile de prendre un taxi et de la ramener à l'hôtel, parce qu'une femme qui pleure et un monsieur qui la console, ça ne ressemblait plus tellement au travail de Ying Li, ça ressemblait plutôt à celui d'Hector.

Et puis, dans la chambre, Ying Li arrêta de pleurer, alors ils s'allongèrent sur le lit sans même allumer la lumière, mais la chambre était un peu éclairée par la lumière de la ville dehors, et Ying Li ne bougeait pas dans les bras d'Hector.

Il était prêt à rester comme ça allongé contre elle toute la nuit, mais Ying Li lui montra vite qu'elle voulait qu'ils fassent ce que font les gens amoureux.

C'était différent de la première nuit, c'était moins gai, mais beaucoup plus fort.

Le lendemain quand Hector se réveilla, Ying Li était partie, sans laisser de mot ni rien. Hector, pourtant, il aurait voulu lui donner de l'argent, parce qu'il pensait au Chinois, mais il comprit que Ying Li avait dû préférer se débrouiller toute seule.

Hector voulut tout de suite parler à Édouard et ils se retrouvèrent dans le café au pied de la tour, et là il y avait plein de monde parce que c'était lundi. Édouard écouta Hector, très sérieusement, comme Hector il écoutait bien les gens quand ils lui racontaient leur histoire. Et puis il dit :

— Ils ne vont pas s'en prendre à elle, elle est trop précieuse. Et puis, je connais le Chinois, j'arrangerai les choses. Mais pour elle et pour toi, je crois que ce ne serait pas une très bonne idée de la revoir.

Ça Hector s'en doutait déjà, mais c'est une chose de se douter et une autre chose de savoir, et Édouard dit :

— Mon pauvre vieux...

Et maintenant, dans l'avion, Hector avait du mal à trouver quelque chose à noter dans son carnet.

Le bébé le regardait depuis un moment et tendit ses petits bras vers lui. Ça fit rire la nounou (parce que vous avez compris que c'était la nounou, quand même) et le bébé aussi.

Alors Hector leur sourit et il se sentit un peu moins triste.

Tout d'un coup, une grande dame blonde arriva près d'eux dans l'allée. Hector comprit que c'était la maman, et qu'elle faisait le voyage en *business class,* sans doute avec son mari.

– Tout va bien ? elle demanda à la nounou.

Et puis elle repartit. Alors le bébé, il fit la grimace et commença à hurler.

Hector reprit son carnet et il nota :

Leçon n° 8 bis : Le malheur, c'est d'être séparé de ceux qu'on aime.

Hector retrouve un bon copain

Hector était encore dans un autre avion, mais assez différent de tous les autres.

(Il y a eu un autre avion et encore un autre entre celui d'avant et celui-là, mais on ne vous racontera pas, parce qu'à part penser à Ying Li et à Clara, Hector il ne lui était pas arrivé grand-chose.)

D'abord, cet avion était plein de messieurs et de dames noirs. Hector était presque le seul Blanc de l'avion. Beaucoup de ces messieurs-dames étaient bien habillés, mais un peu comme il y a longtemps, comme s'habillaient les grands-parents d'Hector à la campagne pour aller à la messe. Les dames portaient de grandes robes fleuries, et les messieurs de vieux costumes un peu larges. Ce qui rappelait un peu la campagne aussi, c'étaient leurs grands sacs à provisions, et certains avaient même des cages avec des poulets et des canards vivants dedans ! Ces animaux, ils faisaient un peu de bruit, mais tant mieux, parce que ça distrayait des bruits que faisait l'avion, qui lui aussi datait d'il y a longtemps. Hector se souvenait de ses patients qui venaient le voir parce qu'ils avaient peur en avion, et il se dit qu'après ce voyage, il les comprendrait beaucoup mieux. D'un autre côté, si l'avion était vieux, cela voulait dire qu'il n'était jamais tombé, alors c'était plutôt rassurant.

À côté de lui, il y avait une dame noire avec un bébé noir lui aussi. Cette fois ce n'était pas la nounou, c'était vraiment la maman. Elle berçait son enfant tout en lisant un livre. Le bébé regardait Hector qui regardait le livre de la dame. On dit la dame, mais en fait elle était assez jeune, à peu près comme Hector. Eh bien vous ne devinerez jamais : son livre c'était un livre de psychiatrie ! La dame elle était psychiatre !

Ça les fit rire tous les deux de se retrouver comme ça entre collègues, et la dame, qui s'appelait Marie-Louise, elle expliqua qu'elle revenait en vacances dans son pays, parce que autrement elle travaillait dans le pays d'où ils avaient décollé tout à l'heure, le pays du monde où il y avait le plus de psychiatres. Hector n'osa pas trop lui demander pourquoi elle n'était pas restée travailler dans son pays à elle (un peu comme il avait demandé à Charles pourquoi ils n'avaient pas construit ses usines dans son pays à lui, si vous vous souvenez), mais la dame expliqua assez vite pourquoi :

– Je veux que mes enfants aient une vie normale.

Elle avait deux autres enfants plus grands qui étaient restés à la maison, et Hector lui demanda ce qu'elle appelait une vie normale. (Même les psychiatres, ils peuvent se poser des questions entre eux.) Marie-Louise répondit :

– Par exemple, je veux qu'ils puissent aller à l'école sans avoir besoin d'un chauffeur et d'un garde du corps.

Hector dit qu'en effet ce n'était pas une vie normale, même s'il pensait que lui, quand il était petit, il aurait été très fier d'aller à l'école avec un chauffeur et un garde du corps, mais les mamans bien sûr, elles ne pensent pas pareil.

Et puis l'avion se mit à pencher sérieusement en faisant un bruit comme les bombardiers en piqué dans les documentaires sur la guerre, et tout le monde arrêta de parler, sauf les poules et les canards qui s'excitaient encore plus.

Heureusement, ça ne dura pas trop longtemps, l'avion finit par se poser presque normalement, mais avec beaucoup de secousses.

Hector réussit à lâcher les accoudoirs et, quand tout le monde fut debout dans l'allée, Marie-Louise lui dit de passer lui rendre visite dans sa famille. Elle lui écrivit son adresse dans son petit carnet.

Quand il arriva à la porte de l'avion, Hector eut la même sensation que quand on ouvre celle du four pour voir si le rosbif est assez cuit, et qu'il fait très très chaud dans le four. Là c'était quand même différent parce qu'il y avait beaucoup de lumière, un soleil qui tapait très dur. Tout autour de l'aéroport, on voyait des montagnes qui avaient l'air assez brûlées, un peu de la couleur d'un rosbif trop cuit justement.

À la douane, il y avait des douaniers qui étaient noirs aussi (mais on ne va pas le répéter tout le temps comme pour les Chinois, dans ce pays tout le monde est noir sauf des exceptions, mais là on vous le dira). Des familles attendaient à l'ombre. Les petites filles portaient des socquettes blanches et des petites collerettes, et les petits garçons des culottes courtes, en fait assez longues, comme il y a longtemps dans le pays d'Hector.

Hector ne vit pas l'ami qui devait l'attendre. Alors il sortit avec sa valise, et le soleil continuait de taper très dur. Un porteur arriva tout de suite pour l'aider à transporter sa valise jusqu'à la file des taxis qui était à trois mètres de là, puis un autre, et encore un autre, et Hector crut qu'ils allaient se battre, mais heureusement il vit son ami Jean-Michel qui arrivait en lui souriant.

Jean-Michel était un vieux copain d'Hector, comme Édouard, mais ils étaient assez différents. Jean-Michel avait fait médecine, il s'était spécialisé dans les petites bêtes qui rendent les gens malades dans les pays chauds. Et il y en avait beaucoup de ces petites bêtes, et manque de chance, c'était dans les pays chauds qu'il y avait le moins de docteurs. Alors Jean-Michel était très vite parti travailler dans ces pays-là. C'était un grand gars assez costaud, un peu l'air d'un moniteur de voile ou de ski. Hector se souvenait qu'il plaisait aux filles mais qu'il n'avait pas l'air de s'y intéresser beaucoup, alors elles s'intéressaient encore plus à lui, et souvent elles venaient poser des questions sur Jean-Michel à Hector parce qu'elles savaient qu'ils étaient copains.

Jean-Michel prit la valise d'Hector et ils allèrent jusqu'au parking. La phrase a l'air simple comme ça, mais en fait c'était plus compliqué, parce que sur le parking il y avait des mendiants. Et ils avaient tout de suite remarque Hector, comme les porteurs tout à l'heure. Et bientôt tous les mendiants du parking, ils marchaient autour d'Hector en tendant la main et en disant :

– Monsieur, monsieur, monsieur, monsieur, monsieur...

Hector voyait bien que certains étaient très malades, très maigres, parfois il leur manquait un œil, ils avaient l'air de tenir à peine debout, mais ils continuaient à marcher autour de lui comme des fantômes en tendant la main.

Jean-Michel marchait devant, et il avait l'air de ne même pas les voir, les mendiants. Il continuait à parler à Hector :

– Je t'ai trouvé un bon hôtel... Remarque, c'est pas dur, ici il n'y en a que deux.

Quand ils arrivèrent à la voiture, Hector avait déjà distribué toutes ses pièces et même ses billets, et là Jean-Michel s'en aperçut.

– Ah, dit-il, c'est vrai, c'est la première fois pour toi.

La voiture de Jean-Michel c'était un gros véhicule tout-terrain tout blanc avec des lettres peintes dessus. À côté, il y avait un jeune homme noir qui les attendait avec un fusil à pompe :

– Je te présente Marcel, dit Jean-Michel, c'est notre garde du corps.

La voiture sortit du parking et prit la route de la ville. Par la vitre, Hector revit les montagnes brûlées, les mendiants qui les regardaient s'éloigner, la route défoncée sous le soleil et puis, assis devant lui, Marcel avec son fusil à pompe posé sur les genoux. Il se dit que dans ce pays, il allait peut-être mieux comprendre le bonheur, mais avec sûrement pas mal de leçons de malheur.

Hector rend service

L'hôtel était très joli. C'était une belle propriété avec beaucoup d'arbres en fleurs, des petits bungalows pour les chambres, et une grande piscine qui faisait des zigzags et qui même passait sous un petit pont en bois. Mais on sentait que c'était un peu différent d'un hôtel où les gens vont seulement passer des vacances. D'abord, à l'entrée, un panneau disait : « Nous prions notre aimable clientèle et leurs visiteurs de ne pas entrer dans l'hôtel avec leurs armes. Prévenir la réception. » Ensuite, à l'intérieur de l'hôtel il y avait des Blancs en uniforme (un uniforme rigolo avec un short) qui prenaient des verres au bar. Ils appartenaient à une sorte de petite armée qu'avaient fabriquée tous les pays du monde pour mettre un peu d'ordre dans celui-là. Mais comme ce pays n'était pas très important, finalement personne n'avait voulu donner beaucoup d'argent pour la fabriquer. Du coup, la petite armée était à peine assez grande pour se protéger elle-même, elle n'arrivait pas à mettre beaucoup d'ordre, même si elle se donnait du mal.

Tout ça, c'est un monsieur qui l'expliqua à Hector au bar. C'était un Blanc, mais lui n'était pas en uniforme, il était plutôt habillé comme Édouard le week-end : une belle chemise claire, un pantalon bien repassé, des chaussures comme pour aller au golf, et une montre qui avait dû coûter aussi cher que celle de Ying Li. (Hector, maintenant, pas mal de choses lui faisaient penser à Ying Li.)

Le monsieur était étranger mais parlait très bien français, et il ne buvait que de l'eau gazeuse. Et c'est rigolo, il s'appelait presque comme Édouard, il s'appelait Eduardo ! Hector lui demanda de quel pays il venait, et Eduardo le lui dit. C'était un pays qui n'avait pas très bonne réputation, parce qu'on y faisait pousser presque partout une plante qui donnait ensuite un très mauvais médicament excitant, absolument interdit dans le pays d'Hector, et d'ailleurs dans tous les autres pays du monde aussi. Du coup, beaucoup de gens étaient prêts à payer très cher pour en acheter. Bien sûr, ce n'était pas la faute d'Eduardo s'il était né dans ce pays-là, alors Hector, il fit comme si ça n'avait pas d'importance. Il demanda à Eduardo où il avait appris à parler un si bon français.

– Mais en France ! J'y ai séjourné quelques années.

Eduardo dit ça avec l'air de ne pas vouloir en dire plus. Alors, pour changer de sujet, Hector lui demanda ce qu'il venait faire ici, dans ce pays. Eduardo regarda Hector, et comme on l'a dit, les gens sentaient vite qu'Hector n'était pas méchant, surtout les grands malins comme Eduardo. Alors il répondit en rigolant :

– De l'agriculture !

Hector trouva ça intéressant pour son enquête. Il demanda à Eduardo ce qui le rendait heureux dans la vie. Eduardo réfléchit un peu et dit :

– Voir ma famille heureuse, savoir que mes enfants ne manqueront de rien.

Eduardo avait de grands enfants, et il espérait les envoyer faire leurs études dans le grand pays où il y a le plus de psychiatres au monde. Hector lui demanda si ça le gênait de savoir que d'autres familles pouvaient être très malheureuses parce que leurs enfants prenaient du mauvais médicament excitant qu'Eduardo fabriquait (parce que vous avez compris ça, bien sûr, comme Hector).

Là, Eduardo, il ne prit pas le temps de réfléchir :

— S'ils en prennent, c'est que leur famille est déjà foutue. Leurs parents ne s'occupent pas d'eux, ils ne pensent qu'à gagner du fric, ou à s'envoyer en l'air, c'est normal si les gamins font n'importe quoi !

— D'accord, dit Hector.

Il n'était pas forcément d'accord, mais quand un psychiatre dit « d'accord », ça veut juste dire « je vous ai compris ». Mais il fit remarquer à Eduardo qu'il y avait aussi beaucoup de pauvres qui prenaient de ce mauvais médicament et qui se rendaient la vie encore pire. Là Eduardo dit que c'était la même chose : c'était comme si tout leur pays était une mauvaise famille qui ne s'occupait pas de ses enfants.

— Je ne crée pas la demande, dit Eduardo, simplement j'y réponds.

Hector répondit qu'il comprenait, mais il pensait quand même qu'Eduardo, il faisait son bonheur et celui de sa famille avec le malheur des autres. Mais il se dit qu'Eduardo lui-même était né dans un pays qui était tout entier comme une très mauvaise famille. Alors forcément, il avait une drôle de façon de voir les choses.

D'ailleurs, les questions d'Hector, ça avait peut-être un peu énervé Eduardo, parce qu'il commanda un whisky et le barman noir vint le servir. Vous trouvez peut-être qu'on n'a pas beaucoup parlé des Noirs, dans un pays où tout le monde est noir, mais c'est parce que là dans ce bar, les gens noirs c'étaient les serveurs, le barman, le réceptionniste, et ils ne disaient rien du tout. Ceux qui parlaient, c'étaient les Blancs, les clients, Eduardo, Hector, et les gars en short.

Quand Hector raconta à Eduardo qu'il était psychiatre, ça eut l'air de l'intéresser beaucoup. Il raconta que sa femme était toujours assez malheureuse (et pourtant elle ne manquait vraiment de rien). Alors le docteur de son pays avait essayé différentes pilules, mais aucune n'avait vraiment marché. Qu'est-ce qu'en pensait Hector ?

Hector demanda le nom des pilules. Eduardo dit qu'il avait leur nom dans sa chambre et il partit les chercher. Pendant ce temps Hector but son whisky (parce que Eduardo en avait commandé un pour lui aussi) et il commença à parler au barman. Il s'appelait Isidore. Hector lui demanda ce qui le rendait heureux dans la vie. Isidore sourit, et puis il dit :

– Que ma famille, elle manque de rien.

Hector lui demanda si c'était tout.

– Et aussi aller voir le deuxième bureau de temps en temps !

Hector comprit qu'Isidore avait un deuxième travail en plus de barman et que ce travail-là devait lui faire vraiment plaisir. Quel genre de travail c'était, ce deuxième bureau ? Isidore, il commença à rigoler et il allait expliquer à Hector, mais Eduardo revint avec l'ordonnance de sa femme.

Hector l'examina, et il trouva que c'était une assez mauvaise ordonnance. Le psychiatre de là-bas il avait prescrit en même temps les trois grandes sortes de médicaments des psychiatres, mais aucune à la bonne dose, et donc ça ne devait pas tellement l'aider, la femme d'Eduardo. Il posa quelques autres questions à Eduardo pour savoir quelle sorte de tristesse elle avait cette dame, et il comprit assez vite quelle sorte de pilule marcherait le mieux pour elle. Il se souvint aussi d'un bon psychiatre du pays d'Eduardo qu'il avait rencontré dans un congrès. C'était normal qu'Eduardo ne le connaisse pas, parce que ce psychiatre travaillait dans un hôpital, et il portait des chaussettes avec des sandales, alors que les gens comme Eduardo, ils ont plutôt tendance à connaître les médecins qui ont des chaussures comme les leurs. Hector donna son nom à Eduardo et celui de la pilule à essayer en attendant le rendez-vous. Eduardo prenait tout en note avec un beau stylo tout doré (il avait même l'air tout en or).

À ce moment-là Jean-Michel arriva, et quand il vit Hector parler avec Eduardo, il fit une drôle de tête. Hector voulut présenter Jean-Michel à Eduardo, mais Jean-Michel il avait l'air assez pressé, et il emmena vite Hector pendant qu'Eduardo le remerciait en lui disant au revoir.

Dans la voiture, Jean-Michel demanda à Hector s'il savait à qui il parlait.

Hector dit que oui, plus ou moins. Et Jean-Michel dit :

– C'est ce genre de type qui enfonce ce pays dans la merde !

Marcel, il ne disait rien, mais on sentait qu'il était d'accord.

Hector ne répondit pas, parce qu'il était occupé à écrire dans son carnet :

Leçon n° 9 : Le bonheur, c'est que sa famille ne manque de rien

Leçon n° 10 : Le bonheur, c'est d'avoir une occupation qu'on aime.

Il expliqua à Jean-Michel que le barman de l'hôtel allait travailler dans un deuxième bureau. Jean-Michel et Marcel ça les fit rigoler, et Marcel expliqua qu'ici, avoir un deuxième bureau, ça voulait dire avoir une bonne amie, en plus de sa femme !

Du coup, Hector, ça lui fit penser à Ying Li et à Clara, et il ne dit plus rien pendant quelque temps.

Hector prend des leçons de malheur

Il y avait plein de dames et de messieurs noirs qui marchaient le long de la rue poussiéreuse, et aussi des petits enfants sans chaussures, et quand la voiture fut bloquée dans un embouteillage, les petits enfants s'approchèrent de la voiture pour mendier. Même à travers la vitre teintée, ils avaient repéré Hector et ils agitaient leurs petites mains dans sa direction et souriaient de toutes leurs petites quenottes toutes blanches.

– N'essaie pas de baisser la vitre, dit Jean-Michel, je l'ai bloquée.

– Mais pourquoi c'est à moi qu'ils font des signes ? dit Hector en voyant une mignonne petite fille qui lui tendait ses petites paumes roses.

– Parce qu'ils ont repéré que tu étais nouveau ici. Nous, ils nous connaissent.

La ville n'avait pas l'air très bien entretenue.

Hector voyait des maisons toutes déglinguées, à moitié réparées avec des planches ou de la tôle ondulée, ou des villas qui avaient dû être très belles mais aujourd'hui on aurait dit qu'elles avaient moisi. Des messieurs et des dames noires vendaient des choses sur le trottoir, mais c'était le genre de chose qu'on aurait juste jeté ou mis au grenier dans le pays d'Hector. À un endroit, quand même, ils vendaient de jolis légumes de toutes les couleurs. Hector avait toujours entendu dire que les Noirs, ils rigolent tout le temps, mais là il voyait bien que ce n'était pas vrai. Les enfants souriaient, mais les grandes personnes noires, elles, elles ne souriaient pas du tout.

Ils étaient toujours bloqués dans l'embouteillage, et Hector ne comprenait pas pourquoi il y avait tant de voitures dans un pays aussi pauvre.

– Il n'y a pas tant de voitures que ça, mais comme il y a très peu de routes, elles sont vite encombrées. Et puis il n'y a qu'un seul feu rouge dans toute la ville !

Finalement ils réussirent à sortir de l'embouteillage, et bientôt la voiture fila sur la route. La route non plus n'était pas très bien entretenue, il y avait des grosses pierres en plein milieu, ou alors des trous grands comme des baignoires et même pas rebouchés, mais Jean-Michel, il avait l'habitude. Heureusement, parce que de temps en temps, ils croisaient des camions qui fonçaient à toute vitesse, avec plein de gens agrippés sur les côtés et même sur le toit. Hector se dit que les gens d'ici ne souriaient pas beaucoup, mais en tout cas ils n'avaient pas peur, parce que si le camion avait eu un accident ils se seraient fait très très mal. Hector remarqua que les camions étaient souvent peints de toutes les couleurs et qu'on avait écrit dessus en gros : « Le Bon Dieu nous protège » ou « Vive Jésus qui nous aime toujours » et il comprit que les gens d'ici ils avaient encore confiance en Dieu, beaucoup plus que dans le pays d'Hector, parce que là, les gens, ils comptaient surtout sur la Sécurité sociale pour les protéger.

Il se demanda si c'était une leçon de bonheur de croire au Bon Dieu. Mais non, il ne pouvait pas en faire une leçon, parce que croire au Bon Dieu ou non, on ne choisissait pas.

Le paysage, il n'était pas tellement mieux qu'autour de l'aéroport : de grandes collines un peu brûlées et pas beaucoup d'arbres pour faire de l'ombre.

Hector demanda pourquoi il y avait si peu d'arbres dans ce pays.

Cette fois, c'est Marcel qui lui expliqua. C'était à cause de l'embargo. Ce pays avait eu depuis longtemps d'assez mauvaises personnes pour le diriger, mais un jour il y en avait eu des encore pires, qui avaient fini par énerver les pays comme celui d'Hector. Alors les présidents et les ministres de ce pays s'étaient réunis et ils avaient voté un embargo, pour forcer les mauvaises personnes à démissionner. Un embargo, c'est quand on interdit à un pays de vendre ou d'acheter des choses aux autres, pour que le pays, il devienne encore plus pauvre, que les habitants s'énervent et que ça force les gens qui dirigent le pays à devenir sages ou à démissionner. Le problème, c'est que ça ne marche jamais, parce que les gens qui dirigent ce genre de pays, en général ils s'en fichent complètement que leurs habitants crèvent de faim, même les bébés, tandis que ceux qui ont voté l'embargo, ils viennent de pays où on a l'habitude de s'inquiéter des gens et des bébés, et ils n'arrivent pas à comprendre ça, et l'embargo continue, les bébés maigrissent et les mamans sont très tristes.

Ça n'avait pas été bon non plus pour les

arbres, parce que comme le pays ne pouvait plus acheter du pétrole ou du gaz, toujours à cause de l'embargo, les gens de la ville avaient été obligés d'aller couper du bois pour faire du feu pour la cuisine. Résultat, dans beaucoup d'endroits il n'y avait plus d'arbres. Et du coup la pluie avait lavé le sol, la terre était partie, et il restait des grandes collines de pierre, et les pierres, sauf si vous voulez faire une collection, ça ne sert pas à grand-chose.

– Et maintenant, dit Marcel, les Nations unies voudraient financer un programme de reforestation, mais vous avez déjà vu des arbres repousser sur des cailloux, vous ?

Marcel n'avait pas l'air très content en disant ça, on sentait qu'il en voulait un peu aux Nations unies (les gens qui avaient décidé l'embargo), même si depuis les mauvaises personnes qui dirigeaient le pays avaient fini par partir. Mais alors si les mauvaises personnes étaient parties, pourquoi ça n'avait pas l'air d'aller mieux ? Marcel expliqua que les gens d'ici avaient élu comme président un gentil monsieur qui avait toujours été contre les mauvaises personnes d'avant, mais que dès qu'il était devenu chef à son tour, il était devenu un peu comme eux.

Finalement la route se mit à monter, et ils

arrivèrent dans des endroits plus jolis, où il y avait des arbres et des petits villages, et là Hector vit que les gens sur le bord de la route, ils avaient l'air un peu plus contents, et quand la voiture ralentissait à cause d'un âne ou d'une charrette, les enfants ne venaient pas mendier.

Ils arrivèrent devant un bâtiment collé à une petite église. Dessus, c'était écrit « dispensaire », et sur un banc dehors à l'ombre, il y avait plein de dames noires qui attendaient avec des bébés.

Elles regardèrent Hector en souriant quand il entra avec Jean-Michel, et Jean-Michel expliqua qu'elles devaient croire qu'Hector était un nouveau docteur, ce qui était un peu vrai après tout, parce que les psychiatres, contrairement à ce que racontent certaines personnes, ce sont de vrais docteurs !

À l'intérieur, il y avait de jeunes dames noires aussi, en blouse blanche, qui examinaient les bébés, et un jeune homme aussi. Ils furent très contents de voir arriver Jean-Michel et Hector. Jean-Michel expliqua que c'était des infirmières et un infirmier, mais qu'ils faisaient bien des choses que font les médecins dans le pays d'Hector, et que lui, il passait juste pour voir les enfants qui avaient des maladies un peu compliquées. Parce que après, Jean-Michel, il avait encore trois autres dispensaires à visiter.

Hector le laissa travailler, et dehors il retrouva Marcel qui fumait une petite pipe à l'ombre des arbres. Il demanda à Marcel pourquoi les gens ici avaient l'air plus contents qu'en ville.

— À la campagne, on peut toujours s'en tirer avec un potager et quelques poulets. Et puis les gens restent en famille, ils se soutiennent. À la ville, les gens n'arrivent pas à s'en sortir s'ils n'ont pas d'argent. Alors les familles ne tiennent pas le coup, il y a pas mal d'alcool et de drogue, et puis les gens voient ce qu'ils pourraient s'acheter s'ils avaient les moyens. Alors qu'ici, il n'y a pas tellement de tentations.

Hector se dit que ça lui rappelait au moins trois leçons qu'il avait déjà notées.

Mais il en avait compris une autre :

Leçon n° 11 : Le bonheur, c'est d'avoir une maison et un jardin.

Il pensa à tout ce qu'il avait vu et entendu depuis son arrivée et il nota :

Leçon n° 12 : Le bonheur, c'est plus difficile dans un pays dirigé par de mauvaises personnes.

Et ça lui rappela la vie du vieux moine chinois et l'histoire de la famille de Ying Li. Et puis Ying Li un peu aussi, forcément.

Hector apprend une nouvelle leçon

Le soir tombait et ils revenaient vers la ville, parce que Jean-Michel disait qu'il valait mieux ne pas rouler la nuit dans ce pays.

Vous vous demandez peut-être depuis un moment pourquoi, dans la voiture, Marcel avait un fusil à pompe sur les genoux pour faire le garde du corps. Qui aurait voulu faire du mal à Jean-Michel qui allait partout soigner les bébés ?

Voilà pourquoi. Une voiture dans ce pays, ça représentait une grande valeur, et les voitures modernes c'est compliqué à faire démarrer si on n'a pas les clés. Alors les bandits d'ici, ils attendaient à un endroit où vous étiez forcé de vous arrêter (pas les feux rouges, puisqu'il n'y en avait qu'un seul, mais par exemple devant une grosse pierre en travers de la route), et puis ils arrivaient avec leurs revolvers, ils vous forçaient à descendre et ils partaient avec la voiture et les clés. Le problème, c'est qu'avant de voler la voiture, souvent ils tuaient les gens qui étaient dedans, parce qu'ils ne voulaient pas être dénoncés, ou simplement parce qu'ils étaient énervés, qu'ils avaient trop bu de rhum ou de bière ou pris de mauvaises pilules.

– Ça arrive de plus en plus souvent, dit Jean-Michel. Tous les jours il arrive dans ce pays des nouveaux bandits qui viennent d'ailleurs parce qu'ici la police est beaucoup moins efficace que chez eux, c'est plus facile de ne pas se faire prendre.

– C'est la mondialisation, dit Marcel en rigolant.

La police moins efficace, ça expliquait aussi pourquoi les gens comme Eduardo, ils venaient faire des affaires dans ce pays, et souvent d'ailleurs les affaires, ils les faisaient directement avec la police, c'était plus pratique.

Au bar de l'hôtel, il y avait encore des Blancs en uniforme avec des shorts, mais pas Eduardo, et ça tombait bien parce que Hector, il avait bien senti que Jean-Michel et Eduardo, ils n'étaient pas faits pour s'entendre.

Isidore, le barman qui avait un deuxième bureau, il avait l'air content de revoir Hector. Il leur servit tout de suite une bière, et Hector la trouva excellente, parce que dans ce pays où tout marchait très très mal, on fabriquait quand même une excellente bière.

Hector demanda à Jean-Michel s'il était heureux. Ça fit rire Jean-Michel. (Plus tard Hector pensa que c'était une question qui faisait plutôt rire les hommes, mais qui pouvait faire pleurer les femmes.)

— Je ne me pose pas la question, mais je crois que je le suis. Je fais un métier que j'aime, je sais que je le fais bien, et en plus ici, je me sens vraiment utile. Et puis les gens sont gentils avec moi, tu as vu, on forme une vraie équipe.

Jean-Michel but une gorgée de bière, et puis il dit :

— Ici, toutes mes journées ont un sens.

Hector trouva ça très intéressant parce que lui aussi, il faisait un métier utile dans son pays, mais parfois quand il voyait juste des gens qui se trouvaient malheureux sans vrai malheur ou vraie maladie et qu'il avait du mal à les aider, il se demandait si ses journées avaient un sens, et ça ne le rendait pas très heureux.

— Et puis, dit Jean-Michel, je me sens aimé pour ce que je suis.

Et là, vous avez peut-être compris que Jean-Michel et Marcel, c'étaient un peu plus que des amis, ou un peu plus qu'un Blanc et son garde du corps noir, et vous avez compris aussi pourquoi Jean-Michel, il ne s'était jamais intéressé beaucoup aux filles. Mais ça, il n'en avait jamais parlé à Hector, et même là, il n'en parlait pas vraiment, mais avec un ami psychiatre on n'a pas besoin de tout expliquer (et même avec un ami pas psychiatre d'ailleurs).

Hector vit que Jean-Michel lui jetait un petit coup d'œil pour voir comment il prenait la chose, et qu'il avait l'air un peu inquiet quand même. Alors Hector dit :

– C'est vrai, je crois que je ne t'ai jamais connu aussi heureux.

Alors Jean-Michel sourit, et il commanda deux autres bières, et ils n'en parlèrent plus, parce que les hommes, c'est comme ça.

Jean-Michel repartit et Hector alla se reposer un peu dans sa chambre avant le dîner. Ce soir, il allait chez Marie-Louise, sa collègue psychiatre qu'il avait rencontrée dans l'avion et qui l'avait invité dans sa famille.

La chambre était très jolie, enfin si vous aimez ce genre de joli, avec un sol en marbre et des meubles comme dans un château mais en plus neuf, et la baignoire était rouge avec des robinets tout dorés. Hector se reposait sur son lit quand le téléphone sonna.

C'était Clara. Hector lui avait laissé un message dans la journée, parce qu'elle était en réunion.

— Tu t'amuses bien ? elle demanda à Hector.

Ça, ça ne fit pas de bien à Hector, parce que c'était la même question qu'Édouard lui avait posée à l'oreille quand il était en train de parler pour la première fois à Ying Li dans le bar aux douces lumières.

— Oh, oui, c'est très intéressant.

Mais en même temps, Hector, il se sentait mal de ne pas pouvoir raconter le plus intéressant, bien sûr. C'est à ce moment qu'il eut l'impression de vraiment tromper Clara.

— Et toi, au bureau comment ça va ?

— Oh, pas mal, on a eu une bonne réunion.

Clara expliqua que le nom qu'elle avait choisi pour la nouvelle pilule avait été retenu par les grands chefs. C'était un succès pour elle. Hector la félicita.

Mais tout ça n'était pas très vivant, ils continuaient à se parler, mais comme s'ils n'arrivaient pas à se dire des choses vraiment importantes ou émouvantes, mais simplement qu'ils voulaient tous les deux être gentils l'un avec l'autre. Finalement, ils se dirent au revoir et qu'ils s'embrassaient.

Hector retomba tout allongé sur son lit, et ça commença à remuer très fort dans sa tête.

Il venait de comprendre pourquoi il n'arrivait pas à oublier Ying Li.

Ce n'est pas parce qu'elle était très jolie, parce que Clara aussi, elle était jolie. (Hector avait souvent eu des bonnes amies jolies, peut-être parce qu'il n'était pas très content de son physique, alors quand il était avec une amie très jolie, il avait l'impression que ça faisait une bonne moyenne.)

Ce n'était pas parce qu'il avait fait avec Ying Li ce que font les gens amoureux et que ça avait été très fort, parce que Hector avait quand même assez d'expérience pour que ce genre d'événement, ça ne suffise pas à le rendre amoureux.

Non, il se souvenait du moment où il était vraiment tombé amoureux de Ying Li.

Vous l'avez peut-être compris plus vite que lui, parce que les psychiatres, en amour, ils ne sont pas forcément plus intelligents que les autres.

C'était quand Ying Li était sortie de la salle de bains toute contente, et puis qu'elle était devenue triste tout d'un coup quand elle avait compris qu'Hector venait de comprendre.

C'était quand ils avaient dîné ensemble et qu'Hector l'avait sentie tout intimidée.

C'était quand elle avait pleuré dans ses bras.

C'était à chaque fois qu'elle avait été émue avec lui.

Hector, il était tombé amoureux des émotions de Ying Li, et ça, c'était très très profond.

Hector comprend mieux le sourire des enfants

– Reprenez donc un peu de chèvre et de patates douces, dit Marie-Louise.

Et Hector, il en reprit, parce que c'était très bon. Il se dit que le loup qui avait dévoré la chèvre de Monsieur Seguin, il avait dû bien se régaler.

Il y avait beaucoup de monde à table : la maman de Marie-Louise, une grande dame un peu triste, la sœur de Marie-Louise et son mari, un jeune frère de Marie-Louise, et puis plusieurs cousins ou des amis, il ne savait pas très bien. Ce qui était rigolo, c'était que personne n'avait la même couleur : la maman de Marie-Louise, elle avait la peau comme Hector quand il était bronzé, sa sœur était plus foncée, les cousins et les cousines ça dépendait, le jeune frère était sombre comme Marcel, et tout le monde était très gentil avec Hector. Sur une commode, il y avait la photo d'un beau monsieur noir avec un costume élégant, et c'était le papa de Marie-Louise. Elle avait expliqué à Hector qu'il était avocat, et qu'il avait voulu faire de la politique il y avait bien des années, quand des mauvaises personnes étaient comme d'habitude au pouvoir dans ce pays. Un matin, il était parti au bureau en embrassant Marie-Louise qui était encore une petite fille et le soir, une camionnette l'avait déposé devant la maison et était repartie à toute vitesse, mais là, son papa, il était mort et très abîmé. Parce que la politique dans ce pays, c'était très souvent comme ça. À la fin de l'histoire, Hector eut du mal à avaler, mais Marie-Louise, elle avait l'air de s'être habituée à la raconter, depuis tout ce temps.

— Ma mère ne s'en est jamais remise, expliqua-t-elle. Je pense qu'elle est toujours déprimée.

Et en regardant la maman de Marie-Louise qui ne disait rien à l'autre bout de la table, Hector vit bien que c'était vrai.

Hector et Marie-Louise se mirent à parler pilules et psychothérapie. Marie-Louise avait vraiment tout essayé, y compris d'emmener sa maman se faire soigner dans le grand pays plein de psychiatres où elle travaillait, mais sa maman n'était jamais redevenue complètement vivante. Parce qu'il y a des grands malheurs dans la vie où la psychiatrie, elle peut aider un peu, mais pas guérir.

Le mari de la sœur de Marie-Louise, Nestor il s'appelait, c'était un gars assez drôle qui aimait bien plaisanter avec Hector, et qui faisait des affaires dans ce pays. D'abord Hector eut peur que ce soient des affaires comme celles d'Eduardo, mais non. Nestor importait des voitures et il exportait des tableaux peints par des artistes locaux (avec la bière, la peinture était l'autre chose excellente dans ce pays). Il avait aussi une usine où les gens d'ici fabriquaient des chaussures, pour que des gens du pays d'Hector puissent faire leur jogging. (En regardant Nestor, Hector se dit qu'il y avait décidément des Charles de toutes les couleurs dans le monde.) Hector lui demanda si ça aidait les gens d'ici à devenir moins pauvres. Nestor lui dit que oui, un peu, mais qu'il en faudrait des centaines comme lui.

— Le problème ici, c'est que le pays n'est pas sûr. Alors les hommes d'affaires ne veulent pas y risquer leur argent, il n'y a pas d'investissement, donc pas de travail. On parle de la mondialisation, mais le problème c'est que nous, justement, on n'est pas dedans !

Hector comprit que la mondialisation, ce n'était donc pas toujours une mauvaise chose, contrairement à ce que pensaient certaines personnes de son pays.

Le mari de Marie-Louise n'était pas là. Il était né dans ce pays, mais aujourd'hui il était ingénieur dans le grand pays plein de psychiatres, et ça ne profitait pas beaucoup à son pays, sauf qu'il envoyait de l'argent à sa famille restée ici. Tout ça, c'était parce que Marie-Louise ne voulait pas que ses enfants soient obligés d'aller à l'école avec un garde du corps.

Hector avait justement une question à poser sur les enfants. Pourquoi ceux qu'il avait vus en ville, ils souriaient toujours, alors qu'ils vivaient dans la rue sans rien, sans chaussures, et souvent sans parents pour s'occuper d'eux ? Les grandes personnes, elles, elles ne souriaient pas, et on les comprenait avec la vie qu'elles avaient. Mais pourquoi les petits enfants, ils avaient l'air heureux ?

Tout le monde trouva la question très intéressante. Il y eut plein de réponses :

— Parce qu'ils ne réalisent pas encore leur situation, ils ne peuvent pas faire de comparaisons.

Ça rappela à Hector sa leçon n° 1.

– Parce que les enfants tristes, ils se laissent vite mourir, alors on n'en voit plus. Il n'y a que ceux qui sont gais qui survivent.

– Parce que ça leur a fait plaisir de voir Hector.

Là, tout le monde éclata de rire, et Marie-Louise dit à Hector que c'était bien la preuve que c'était vrai !

Et puis une cousine (elle était un peu trop jolie, alors Hector faisait attention à ne pas la regarder trop souvent) dit :

– Parce qu'ils savent qu'on sera plus gentil avec un enfant qui sourit.

Tout le monde trouva que c'était la meilleure explication, et la cousine regarda Hector en souriant, et il se demanda si ce n'était pas pour qu'il soit gentil avec elle, mais heureusement il y avait toute la famille autour pour les empêcher de faire des bêtises.

Ce sourire des enfants, ça rappela à Hector l'histoire d'un de ses collègues psychiatres. Quand il était enfant, des gens d'un autre pays avaient occupé le pays d'Hector et décidé de faire mourir tous les gens qui avaient des noms de famille qui ne leur plaisaient pas. Pour ça, ils les emmenaient tous très loin en train, dans des endroits où personne ne pouvait les voir faire cette chose terrible. Et le collègue d'Hector, c'était un petit enfant avec justement la mauvaise sorte de nom de famille, et on l'avait enfermé dans un camp avec d'autres enfants pour attendre le train qui allait les emmener vers la mort. Mais là, comme c'était un enfant qui souriait et qui faisait rire tout le monde, même les gens qui gardaient le camp, des grandes personnes l'avaient mis de côté, elles l'avaient caché, et on ne l'avait pas emmené avec les autres.

Alors c'est une chose que doivent savoir tous les enfants qui veulent survivre : on est plus gentil avec un enfant qui sourit, même si ça ne marche pas toujours.

Il commençait à se faire tard, et comme la cuisine était épicée, elle donnait soif, et Hector avait pas mal bu et il se sentait un peu fatigué. Tout le monde se dit au revoir, et Marie-Louise raccompagna Hector jusqu'à la voiture qui était venue le chercher à l'hôtel. C'était un petit camion tout-terrain comme celui de Jean-Michel, et avec un chauffeur, mais pas habillé comme un chauffeur, mais pas habillé comme un chauffeur du pays d'Hector : il portait juste avec une chemisette, un vieux pantalon à pattes d'éléphant et des tongs. Il y avait aussi un garde du corps très jeune, mais avec un gros revolver. En passant près d'eux pour monter à l'arrière, Hector sentit qu'ils avaient bu du rhum, mais après tout dans ce pays, c'était peut-être un bon moyen pour ne pas avoir peur sur la route. Il fit des signes d'au revoir à Marie-Louise et à sa famille qui étaient sur le perron et qui le regardaient partir, et puis la voiture s'enfonça dans la nuit.

Hector se sentait assez heureux : il se disait qu'il aurait plein de choses intéressantes à raconter à Clara, parce que ce qui lui arrivait dans ce pays, il pourrait le lui raconter.

Il aurait bien voulu faire la conversation avec le chauffeur et le garde du corps, leur demander s'ils étaient heureux, mais il était trop fatigué. Il s'endormit.

Il rêva à Ying Li, ce qui prouve que les rêves de psychiatre ne sont pas plus compliqués à comprendre que ceux des autres.

Hector n'a plus une vie tranquille

Il n'était pas complètement réveillé, mais il avait eu un moment l'impression que la voiture s'était arrêtée, que les portières avaient claqué, qu'on avait crié. Mais comme il rêvait qu'il naviguait sur un petit bateau avec Ying Li et qu'ils traversaient la mer tous les deux pour rentrer dans son pays, il refusa de sortir du rêve.

Eh bien, c'était une grosse bêtise.

Parce que quand Hector se réveilla complètement, il eut l'impression que le chauffeur et le garde du corps avaient changé. Il y a des gens qui vous disent que parfois quand on n'a pas l'habitude on peut confondre les Noirs, surtout la nuit, mais là, non. Hector voyait bien que ce n'était pas les mêmes personnes, et il essayait de comprendre pourquoi. La deuxième chose qu'il essayait de comprendre, c'était pourquoi la voiture continuait à rouler dans la nuit. Parce que son hôtel, il n'était pas loin de chez Marie-Louise, à peine le temps de faire un rêve, et là ils roulaient toujours.

Si Hector avait été mieux réveillé, ou plus malin (Hector, il était assez intelligent, mais pas forcément malin), il aurait deviné ce qui se passait, mais au lieu de ça il demanda : « Où va-t-on ? »

Les deux Noirs devant, ils sautèrent sur leur siège, presque à se cogner la tête au plafond, et la voiture fit une sacrée embardée. Ils se retournèrent vers lui, avec de grands yeux tout blancs, et celui qui conduisait dit : « Miséricorde ! » L'autre sortit un gros revolver et il visa Hector en tremblant un peu. À ce moment-là, Hector s'aperçut que tous les deux étaient habillés en policiers. Alors, il comprit ce qui s'était passé.

C'est Marcel qui lui avait expliqué. On vous a déjà dit que voler une voiture quand on n'a pas les clés, c'est bien compliqué ; le plus pratique pour les bandits, c'est de vous forcer à vous arrêter et à leur donner les clés. Dans ce pays, il y avait des bandits qui avaient trouvé une bonne méthode pour ça : ils s'habillaient en policiers ! Forcément, quand des policiers sur la route vous font signe de vous arrêter, vous n'allez pas leur désobéir, parce que autrement vous auriez une grosse amende ou même ils pourraient vous tirer dessus. Alors, la nuit, il y avait de temps en temps de faux barrages de police, ou plutôt de vrais barrages mais avec des faux policiers qui étaient en réalité des bandits. Et pour les uniformes ce n'était pas bien difficile, parce que tout le monde avait un frère ou un cousin dans la police et il pouvait prêter la veste et la casquette quand il n'était pas de service (la veste suffisait, parce que dans ce pays, même les vrais policiers pouvaient porter n'importe quel pantalon ou des chaussures différentes, et même des vieilles tennis).

Hector comprit tout. Les deux faux policiers devant, ils avaient dû faire arrêter la voiture en jouant aux vrais policiers, faire sortir le chauffeur et le garde du corps, peut-être les dérouiller un peu, et puis repartir très vite avant même de s'apercevoir qu'il y avait quelqu'un qui dormait à l'arrière : Hector !

En regardant le revolver pointé vers lui, Hector commençait à avoir peur, mais pas trop. Il savait bien que certains hommes, surtout les bandits, pouvaient être très méchants ou avoir très peur et tuer des gens, mais comme il n'avait jamais vu ça de près (Hector avait toujours eu une vie assez tranquille, comme la plupart des gens de son âge de son pays), il n'arrivait pas vraiment à croire qu'on allait lui faire du mal, même s'il savait pourtant que c'était possible.

Pendant ce temps-là, celui qui était assis à la place du garde du corps, il s'était mis à parler à toute vitesse dans un téléphone mobile. Hector ne comprenait pas tout parce qu'il parlait une langue qui ressemblait à celle d'Hector, mais pas complètement, c'était une version locale qui datait de l'époque lointaine où les gens du pays d'Hector avaient cru que ce pays était à eux. Au ton qu'il avait, Hector comprit juste qu'il parlait à un chef, et que le chef voulait qu'on lui amène Hector. Il trouva que ce n'était pas si mal, parce que comme lui disait sa maman (et la vôtre aussi peut-être), il vaut toujours mieux parler au Bon Dieu plutôt qu'à ses saints.

Mais plus tard, quand il vit le chef, il se demanda si sa maman avait toujours raison.

Le chef, il regardait Hector sans rien dire comme on regarde une chaise ou un colis encombrant dont on se sait pas quoi faire, pendant que les deux autres, ils lui expliquaient ce qui était arrivé avec des voix quand même assez aiguës pour de grands Noirs. Vous avez compris qu'ils avaient peur de leur chef, alors comme c'était déjà des bandits, ça vous donne une idée que le chef, il ne devait pas être commode, non plus que ses deux amis qui étaient à table avec lui quand ils étaient arrivés.

Ils se trouvaient dans une grande maison qui avait dû être belle mais qui était très abîmée. Hector vit aussi que dans une pièce à côté il y avait de belles dames noires qui regardaient la télé, assises sur un grand canapé. Elles avaient de jolies robes assez moulantes et des boucles d'oreilles et on aurait dit qu'elles sortaient de chez le coiffeur. De temps en temps, il y en avait une qui se levait d'un air un peu fatigué et qui s'approchait de la porte pour jeter un coup d'œil à Hector ou écouter ce que disait les autres, mais Hector évitait de la regarder parce que c'était quand même pas le moment de rigoler.

Le chef, il était mieux habillé que ses hommes, il parlait la langue d'Hector sans accent local, et Hector devina qu'il était ce genre de bandits dont avait parlé Marcel qui étaient venus là parce que la police ne marchait pas très bien.

Un des amis du chef assis à table dit :

– Avec ces deux débiles, on n'est pas dans la merde maintenant !

Et l'autre ami du chef regarda Hector d'un air méchant et il grogna :

– Tu veux ma photo ?

Hector commença à s'expliquer, il dit qu'il avait été invité à dîner dans la famille de Marie-Louise. Les autres se regardèrent, et puis celui qui avait dit « tu veux ma photo ? », il dit : « Alors là, c'est la totale ! » Hector expliqua aussi qu'il était médecin (il n'osa pas dire qu'il était psychiatre, sans trop savoir pourquoi, mais il pensait que ça pouvait énerver le chef des bandits) et qu'il était l'ami de Jean-Michel, le docteur qui soignait les petits enfants dans les dispensaires.

Mais il n'eut pas le temps d'en dire beaucoup plus, parce que le chef ordonna aux autres de l'emmener et il se retrouva enfermé dans une espèce de placard où il y avait une petite ampoule au plafond et plein de caisses de bière. Ça sentait aussi très fort le rat crevé, et cette odeur ne fit pas bonne impression à Hector.

La porte n'était pas bien épaisse et il entendait la conversation.

Les bandits n'étaient pas d'accord, et ils avaient l'air de se chamailler. C'était assez compliqué à suivre, mais ça pouvait se résumer.

Il y en avait un qui répétait :

— On pourrait en tirer combien ?

L'autre lui répondait toujours :

— Arrête, c'est un Blanc, ils ne vont pas nous laisser tranquilles.

Alors le premier, il reprenait :

— Justement, c'est un Blanc, il vaut cher.

Mais le troisième, il répétait :

— De toute façon, il nous a vus maintenant.

Hector avait l'impression que c'était le chef qui répétait ça.

Alors il se sentit assez malheureux, parce qu'il commençait à penser qu'il allait mourir.

Hector médite sur sa mort

Hector, dans sa vie, il avait pensé assez souvent à la mort. Déjà quand il faisait médecine, il avait vu pas mal de gens mourir à l'hôpital. À l'époque, lui et ses camarades étaient très jeunes, et la plupart des gens qui mouraient à l'hôpital étaient plus vieux qu'eux, alors ils avaient quand même l'impression que la mort ça arrivait à des gens d'une espèce différente, même s'ils savaient que ce n'était pas vrai. Mais comme on l'a déjà dit, savoir et sentir, ce sont deux choses différentes, et ce qui compte vraiment c'est sentir.

Il avait vu des gens mourir très tranquilles, presque contents. Il y en avait de plusieurs sortes : ceux qui étaient déjà bien fatigués par leur maladie, alors ils disaient qu'ils trouvaient que leur vie était devenue trop fatigante, et qu'ils étaient plutôt contents d'en finir. Il y avait aussi ceux qui croyaient très fort au Bon

Dieu, alors pour eux la mort ce n'était qu'un passage, et ça ne les rendait pas tristes. Et puis aussi, ceux qui trouvaient qu'ils avaient déjà eu une bonne vie, et ils disaient qu'ils ne pouvaient pas se plaindre si elle s'arrêtait maintenant.

Ça, bien sûr, c'étaient le plus souvent des gens assez âgés qui pouvaient le dire.

Mais de temps en temps, il y avait quelqu'un de jeune comme Hector et ses camarades qui arrivait à l'hôpital avec une maladie très très grave, et tous les jours ils le voyaient maigrir, souffrir, pleurer et finalement mourir. Là ils avaient beau essayer de voir la chose comme une occasion d'apprendre mieux la médecine, ça les secouait quand même pas mal.

Quand Hector avait choisi de faire psychiatrie, il s'était dit qu'un des avantages de ce beau métier, c'est qu'un psychiatre, ça ne voit pas souvent ses patients mourir. Alors que dans d'autres spécialités, c'est vraiment terrible (on ne va pas vous donner leur nom pour ne pas trop vous inquiéter à l'avance si un jour vous devez aller dans un service comme ça). Hector avait même connu certains docteurs de ces spécialités, qui étaient venus le voir parce qu'à force, ils ne supportaient plus très bien de voir leur patients mourir. Hector avait dû leur donner pas mal de pilules et aussi de la psychothérapie.

Et puis, bien sûr, Hector avait déjà vu partir des gens qu'il aimait bien, mais là aussi, ils étaient plus âgés que lui, sauf une très bonne amie, et celle-là il pensait de temps en temps à l'âge qu'elle aurait aujourd'hui et aux conversations qu'ils pourraient toujours avoir.

Tout ça explique peut-être qu'enfermé dans son petit cagibi qui sentait le rat crevé, Hector n'avait pas tellement peur de la mort. Parce que quand vous pensez souvent à quelque chose, ça vous fait de moins en moins peur.

Lui aussi, il se disait que même s'il mourait maintenant, il avait déjà eu une bonne vie : il avait eu un papa et une maman gentils, il avait connu de très bons amis, il avait été très amoureux plusieurs fois, il avait appris un métier qui le passionnait, il avait fait de beaux voyages, il avait eu souvent l'impression d'être utile aux gens, et il n'avait jamais eu de grands malheurs. C'était déjà une meilleure vie que beaucoup de gens qu'il connaissait, et certainement bien meilleure que celle de la plupart des habitants du monde.

Bien sûr, il n'avait pas eu le temps de faire de petits Hector ou de petites Hectorine, mais heureusement, parce que aujourd'hui, ça aurait fait des orphelins.

La peur de la mort, ce n'était donc pas le plus dur. Non, ce qui rendait Hector malheureux, c'était de penser aux gens qu'il aimait, qui l'aimaient et qu'il ne verrait plus, et comme ils allaient être malheureux quand ils sauraient qu'il était mort.

Il pensait à Clara, et comme elle allait avoir très mal en apprenant la nouvelle, et il lui revenait tout plein de souvenirs d'elle à toute vitesse, quand elle riait, quand elle pleurait, quand elle lui parlait, quand elle dormait contre lui.

Il sentait à quel point il l'aimait, qu'elle l'aimait aussi, et qu'elle risquait de beaucoup souffrir.

Il pensait aussi à Ying Li, mais moins fort, parce que avec elle, il avait moins de souvenirs. Ying Li, c'était comme un avenir qui n'allait pas exister, mais qui n'avait jamais eu beaucoup de chance d'exister de toute façon.

Il pensait aussi à ses vieux copains comme Édouard et Jean-Michel, surtout Jean-Michel qui allait peut-être se sentir coupable parce que Hector était venu dans ce pays pour le voir.

Et puis, il pensait à ses parents, et c'était terrible aussi, parce que même si ça arrive souvent, ce n'est pas la vie normale pour des parents de voir mourir leur enfant.

Il se souvenait de la maman de Marie-Louise, qui n'était jamais redevenue complètement vivante depuis la mort de son mari, et il se demandait si ça n'allait pas arriver à Clara ou à ses parents.

Alors il sortit son petit carnet pour leur écrire un mot qu'on retrouverait peut-être sur lui. Il commença par un petit mot pour Clara, pour lui dire combien il l'aimait, mais qu'elle ne devait pas rester triste trop longtemps, parce que lui trouvait qu'il avait eu une bonne vie et que c'était en grande partie grâce à elle.

Après il écrivit un autre petit mot pour ses parents, pour leur dire que bien sûr c'était triste, mais qu'il n'avait pas trop peur et, comme ses parents croyaient très fort au Bon Dieu, il se dit que ce message les aiderait.

Il glissa les pages sous sa chemise, en se disant que comme ça, les bandits ne les verraient pas, mais qu'on les retrouverait quand même quand on le déshabillerait pour faire l'autopsie. (Hector avait vu pas mal d'autopsies, et ça aussi ça fait réfléchir à la mort, de voir qu'à l'intérieur on est juste un tas d'organes tout mous et assez fragiles.) Bien sûr, il y avait le risque que les bandits le fassent complètement disparaître et qu'on ne retrouve jamais son corps, mais ça, il préférait ne pas y penser.

Et puis il attendit, assis sur une caisse de bière, avec l'ampoule au plafond et l'odeur de rat crevé. Il sentait la peur de la mort qui revenait un peu, alors pour se distraire, il recommença à écouter les autres.

Les autres continuaient à se chamailler, et c'était toujours la même histoire : l'optimiste, il disait qu'Hector ça pouvait rapporter gros ; le pessimiste, il pensait surtout qu'Hector ça pouvait rapporter beaucoup d'ennuis, et le réaliste, le chef, il trouvait qu'Hector mieux valait s'en débarrasser pour de bon. Mais le pessimiste faisait remarquer que le chauffeur et le garde du corps que les autres avaient laissés partir, ils pourraient raconter qu'Hector avait été enlevé, et comme c'était un Blanc, la petite armée de Blancs en short, elle risquait de chercher qui avait fait ça. Et les gens qui faisaient de vrais barrages avec de faux policiers, il n'y en avait pas tant que ça dans le pays, alors on risquait de penser à eux.

En entendant ça, Hector se dit qu'il avait une petite chance.

Il sortit son petit carnet et commença à mordiller son stylo en réfléchissant très fort.

Et puis, il écrivit un petit mot qu'il fit passer sous la porte.

Il entendit les autres s'arrêter de parler.

Vous vous demandez peut-être ce qu'Hector avait écrit sur son petit carnet.

Une formule magique que seuls connaissent les psychiatres et qu'ils n'ont le droit d'utiliser que quand ils risquent de mourir ?

Hector est malin

Hector avait simplement écrit : « Tout ça c'est bien des soucis. Il vaut mieux qu'on se parle. »

Alors la porte s'ouvrit et un des deux amis du chef dit à Hector de sortir, sur un ton pas très gentil. Il ne tenait même pas de revolver. Hector se dit qu'au moins ils avaient compris qu'il n'était pas idiot et qu'il n'allait pas essayer de jouer à Jackie Chan en les assommant tous à coups de pied dans tous les sens.

Le chef était toujours assis, il tenait le petit mot d'Hector et il lui dit :

— De quoi tu veux qu'on se parle ?

Alors Hector expliqua qu'il était en visite dans ce pays, qu'il ne voulait pas d'ennuis. S'ils le relâchaient il ne raconterait rien à la police.

Le chef, il rigola en disant que si c'était pour dire ça, ça n'était pas la peine de sortir du placard.

Hector dit qu'il ne raconterait rien à la police, et la preuve, c'est qu'il ne raconterait rien non plus à Eduardo.

Alors là, ils ouvrirent tous de grands yeux, un peu comme les deux autres tout à l'heure dans la voiture. Sauf le chef, qui demanda d'un air très calme :

— Tu connais Eduardo ?

Hector répondit que oui, il le connaissait pas mal, Eduardo, mais surtout il connaissait sa femme qui avait une grosse dépression. Parce que voilà, il était psychiatre.

Les autres, ils ne disaient trop rien et puis un des amis du chef qui avait gardé le portefeuille d'Hector, il regarda dedans, et il cria presque :

— C'est vrai, c'est un *spichiatre* !

— Ta gueule, imbécile ! dit le chef.

Hector voyait bien que le chef, il réfléchissait dur. Si Hector disait vrai, il n'irait rien raconter à la police, parce que connaître Eduardo et sa femme, ça voulait dire qu'on s'en foutait pas mal d'aider la police. Mais si Hector était vraiment un copain d'Eduardo et qu'il lui racontait ce qui lui était arrivé peut-être qu'Eduardo n'aimerait pas cette histoire, et que la vie deviendrait un peu risquée pour le chef. Alors autant faire disparaître Hector tout de suite. Mais là encore, si la police et la petite armée de Blancs se mettaient à chercher le chef et sa bande après ça, la vie ne serait pas facile non plus, surtout qu'Eduardo là aussi, il pourrait s'en mêler. D'un autre côté, si le chef libérait Hector et qu'il allait tout raconter à la police, c'était embêtant, mais comme Hector serait toujours vivant, la police trouverait que ça ne vaudrait pas le coup de se fatiguer pour ça, un peu comme dans le pays d'Hector quand vous allez vous plaindre qu'on vous a volé votre autoradio.

Hector, il mettait son espoir dans le fait que, normalement, les chefs ils sont malins, et que le chef des bandits allait penser à tout ça et arriver à la bonne conclusion : libérer Hector.

Le chef regarda Hector et il vit le petit carnet qui dépassait de sa poche. Il se le fit apporter par un de ses hommes, et il l'ouvrit. Il tomba sur la première page.

C'était écrit comme ça :

Leçon n° 1 : Un bon moyen de gâcher son bonheur, c'est de faire des comparaisons.

Leçon n° 2 : Le bonheur arrive souvent par surprise.

Leçon n° 3 : Beaucoup de gens voient leur bonheur seulement dans le futur.

Leçon n° 4 : Beaucoup de gens pensent que le bonheur, c'est d'être plus riche ou plus important.

Leçon n° 5 : Le bonheur, parfois, c'est de ne pas comprendre.

Ying Li Ying Li YING LI Hector Ying Li Hector YING LI Hector Ying Li Clara.

Leçon n° 6 : Le bonheur c'est une bonne marche au milieu de belles montagnes inconnues.

Leçon n° 7 : L'erreur, c'est de croire que le bonheur est le but (à se faire mieux expliquer).

Leçon n° 8 : Le bonheur, c'est d'être avec des gens qu'on aime.

Leçon n° 8 bis : Le malheur, c'est d'être séparé de ceux qu'on aime.

Leçon n° 9 : Le bonheur, c'est que sa famille ne manque de rien.

Leçon n° 10 : Le bonheur, c'est d'avoir une occupation qu'on aime.

Leçon n° 11 : Le bonheur, c'est d'avoir une maison et un jardin.

Leçon n° 12 : Le bonheur, c'est plus difficile dans un pays dirigé par de mauvaises personnes.

Leçon n° 13 : Le bonheur, c'est de se sentir utile aux autres.

Leçon n° 14 : Le bonheur, c'est d'être aimé pour ce que l'on est.

Remarque : On est plus gentil avec un enfant qui sourit (très important).

Le chef lut jusqu'au bout, puis il regarda Hector et il dit :

– Bon, laissez-le partir.

Hector fait la fête

Hector était encore dans un avion, et vous ne devinerez pas, il était dans la partie la plus chère de l'avion, celle avec un siège qui s'allonge complètement et une petite télé pour lui tout seul, et des hôtesses qui sourient et qui vous apportent beaucoup de champagne.

Cette fois, c'était lui qui s'était payé tout ça, même si ce n'était pas raisonnable. Il savait qu'au retour, il aurait plein de coups de téléphone de la dame qui s'occupait de compter son argent à la banque, mais il avait décidé de faire tout ce qui lui faisait plaisir pendant quelque temps, parce qu'il avait réalisé que la vie, ça pouvait s'arrêter très vite. (Bien sûr, ça, il le savait depuis longtemps, mais comme on vous le répète encore, savoir et sentir, c'est pas pareil.)

Hector, depuis son séjour dans le petit

cagibi qui sentait le rat crevé, il avait l'impression que la vie était merveilleuse.

Il savait que cette impression ne durerait pas si longtemps, parce qu'il avait soigné des gens qui eux aussi avaient failli mourir (à la guerre par exemple, dans des camps où presque tout le monde était mort, et même un monsieur dont le bateau avait coulé, et qui avait attendu très longtemps dans l'eau qu'on finisse par le trouver et le repêcher).

Ces gens lui avaient dit que juste après avoir été sauvés, eux aussi ils avaient trouvé la vie merveilleuse. Mais après quelque temps il étaient assez vite retombés dans les petits et gros soucis de la vie ordinaire (sans compter pour certains des souvenirs affreux qui revenaient pendant des années). Et ces gens qui avaient frôlé la mort, aujourd'hui ils s'énervaient comme tout le monde sur leur déclaration d'impôts ou parce que le voisin mettait la télé trop fort.

Alors Hector voulait profiter de cette impression de vie merveilleuse tant qu'elle durait.

Cette nuit où il avait failli mourir, quand il était revenu dans la propriété de Marie-Louise, tout le monde lui avait fait la fête, tout le monde riait et pleurait en même temps, et aussi Jean-Michel et Marcel qui étaient venus.

La famille de Marie-Louise n'avait pas appelé la police, parce qu'elle s'attendait à ce que les bandits demandent une rançon pour libérer Hector. Appeler la police, ça aurait pu compliquer les choses, et en plus certains policiers auraient peut-être voulu aussi un peu de la rançon, parce que dans ce pays, ils n'étaient pas très bien payés. Comme les bandits avaient laissé Hector revenir avec la voiture (tout ça pour ne pas contrarier Eduardo, au cas où), il n'y avait même pas eu de vol. C'était comme si toute cette histoire, elle n'avait jamais existé, on n'avait pas besoin d'en parler à la police, ni à l'armée de gens en short, ni à personne.

Une grande fête commença en plein milieu de la nuit.

Hector alla quand même voir le chauffeur et le garde du corps qui attendaient tout honteux dans la cuisine parce que Marie-Louise et Nestor les avait beaucoup grondés. Ils essayaient d'expliquer que tout ça, c'était pas de leur faute, les bandits étaient partis tellement vite (et sans doute eux avaient eu tellement peur) qu'il n'avait pas eu le temps de leur dire qu'Hector était resté dans la voiture. Hector leur dit de pas s'en faire, et qu'il dirait à Marie-Louise et Nestor de ne plus les gronder.

Hector était si heureux de se sentir vivant, qu'il voulait que tout le monde soit content. Et là ça tombait bien parce que tout le monde l'était.

Il était très tard, mais personne ne voulait aller se coucher, et même les gens des maisons autour s'étaient réveillés et ils étaient venus pour la fête. Il y avait de la musique, et tout le monde dansait, et tout le monde dansait très très bien, même les messieurs et les dames qui avaient l'âge des parents d'Hector. Même Hector dansait, alors qu'il ne savait pas bien danser. Mais quand vous êtes très heureux, ça n'a plus d'importance de vous sentir maladroit, et quand vous êtes le héros de la soirée, vos cavalières vous pardonnent, et surtout la jolie cousine de Marie-Louise avec qui il dansait pas mal, et qui continuait à lui sourire comme tout à l'heure au dîner. Et il y avait aussi beaucoup à boire, toutes sortes de mélanges avec du rhum, et aussi de cette excellente bière, la même qui était dans la caisse sur laquelle Hector s'était assis dans son placard en attendant la mort.

Mais là Hector ne pensait plus à la mort, et surtout quand la cousine l'emmena à l'étage. Ils entrèrent dans une chambre qui ne devait plus servir depuis longtemps, il y avait de vieux meubles et des photos de famille de l'époque où ce pays n'allait pas trop mal, et Hector eut l'impression de revenir dans la chambre de ses grands-parents quand il était petit. Mais ça ne dura pas longtemps comme impression parce que la cousine l'entraîna vers le lit (ou ce fut Hector qui l'entraîna c'est difficile de savoir) et ils firent les choses que font les gens quand ils sont amoureux, avec la musique qui montait vers eux à travers le plancher.

Hector, après, il était un peu fatigué, mais la cousine pas du tout, et ils redescendirent au milieu des gens qui continuaient à danser. Hector se sentit un peu gêné, mais très vite il comprit que les gens, ou bien ils n'avaient rien vu, ou bien ils trouvaient ça très bien qu'il soit monté avec la cousine.

Plus tard, il retrouva Nestor qui se servait une bière, et Nestor lui fit un petit clin d'œil. Comme il y avait beaucoup de musique, il s'approcha d'Hector et lui parla assez fort dans l'oreille :

— Alors, comment va l'enquête sur le bonheur ?

— Pas mal, pas mal, répondit Hector, pas très à l'aise.

Nestor rigola, et lui parla à nouveau à l'oreille :

— Ici, il y a plein de raisons d'être malheureux, même pour nous qui avons plutôt de la chance. Alors quand il y une occasion d'être heureux, on ne la laisse pas passer ! On s'en fout du lendemain, on ne sait jamais comment ça sera !

À ce moment, la jolie cousine, qui s'était mise à danser avec Jean-Michel (parce que Jean-Michel, même s'il ne s'intéressait pas vraiment aux filles, il avait toujours dansé comme un dieu), elle fit un grand sourire à Hector, et ça lui fit bien comprendre, encore mieux que les explications de Nestor.

Dans l'avion, Hector ressortit son petit carnet :

Leçon n° 15 : Le bonheur, c'est de se sentir complètement vivant.

C'était pas mal, mais en même temps, ça n'expliquait pas très bien. Il mordilla son crayon, et puis il écrivit :

Leçon n° 16 : Le bonheur, c'est de faire la fête.

Il repensa à Édouard qui aimait bien faire la

fête, comme pendant cette première soirée en Chine. Et puis ce n'est pas la peine de vous dire à quoi Hector il pensa ensuite, parce que même si vous n'êtes pas psychiatre, vous avez sûrement deviné.

Hector prend de l'altitude

Hector continuait de boire le champagne que lui apportaient les gentilles hôtesses et il se sentait très heureux. Mais ça ne l'empêchait pas de réfléchir au bonheur, parce que c'était un garçon sérieux.

D'abord, pourquoi boire du champagne (ou de la très bonne bière, ou les excellents vins qu'aimait bien Édouard), ça rendait heureux presque tout le monde ? Dans tous les pays, les gens buvaient ces boissons pour grandes personnes quand ils voulaient faire la fête et ça marchait toujours, ça les rendait plus gais, et tout le monde se sentait gai en même temps.

Malheureusement, quand ils en buvaient trop, ça leur faisait faire des grosses bêtises, certains conduisaient très mal et avaient des accidents, certains devenaient bagarreurs, d'autres se mettaient à faire les choses que font les gens quand ils sont amoureux avec n'importe qui sans faire attention et ils attrapaient de mauvaises maladies. Et puis, d'autres personnes en buvaient tellement souvent que ça ne leur faisait plus beaucoup d'effet. Du coup, elles n'arrêtaient plus jamais de boire et elles devenaient de plus en plus malades. (Édouard là-bas en Chine, il n'était peut-être pas très loin de ce mauvais chemin.)

Ça faisait réfléchir Hector : si boire rendait plus heureux et qu'en même temps ça agissait sur le cerveau (il suffit d'écouter parler quelqu'un qui a trop bu), alors il y avait un endroit dans le cerveau qui vous rendait heureux et qui marchait plus fort quand on avait bu. Hector était content, ça ferait une bonne question à poser au grand professeur spécialiste du bonheur.

Et les pilules fabriquées par les laboratoires ? Pour l'instant, elles pouvaient juste redonner aux gens le moral qu'ils avaient avant d'être trop tristes ou d'avoir trop peur. Mais le jour où un laboratoire fabriquerait la pilule qui vous rend heureux comme jamais vous ne l'avez été avant ? Est-ce qu'il aurait envie d'en prescrire à ses patients ? Il n'en était pas sûr.

Il sortit son petit carnet et il écrivit :

Question : Est-ce que le bonheur, c'est juste une réaction chimique dans le cerveau ?

Pour se récompenser d'avoir bien réfléchi, Hector fit un petit signe à l'hôtesse, qui vint en souriant lui verser une autre coupe. Il la trouvait très jolie, mais il savait aussi que ça pouvait être l'effet du champagne, et puis sa vie était déjà assez compliquée comme ça avec Clara, Ying Li et la cousine de Marie-Louise qui lui avait dit qu'elle venait de temps en temps en vacances dans son pays.

Il se demanda pourquoi il n'était pas aussi amoureux d'elle que de Ying Li, mais vous avez déjà deviné si vous avez bien lu : avec la cousine (on ne dira pas son prénom, au cas où vous la rencontreriez dans la ville d'Hector), il n'avait partagé que de la gaieté. Avec Ying Li, il avait tout partagé, la gaieté et la tristesse. Avec Clara aussi, bien sûr, mais depuis quelque temps, ils partageaient un peu trop souvent l'énervement, l'ennui et la fatigue.

Il aurait bien aimé parler de tout ça à quelqu'un, mais il n'y avait personne à côté de lui, parce qu'il se trouvait dans une partie de l'avion où ça coûtait tellement cher qu'il n'y avait presque personne. Même s'il avait eu un voisin, il aurait fallu se pencher beaucoup sur le côté, parce que les accoudoirs étaient très larges. C'était intéressant parce que ça voulait dire que pour les gens riches, le bonheur c'était de pouvoir se sentir seul, en tout cas en avion.

Alors que pour les gens pauvres, comme les petites femmes sur leurs toiles cirées, le bonheur, c'était d'être avec leurs amies. Mais c'est vrai qu'en avion, vous ne pouvez jamais être sûr que votre voisin ça sera un ami, il vaut mieux prendre des précautions.

À ce moment, une hôtesse arriva du sous-sol de l'avion, là où les classes étaient moins chères et elle alla parler à ses collègues. Elles avaient l'air assez inquiètes. Hector se demanda si c'était parce que l'avion avait un problème, et il se prépara à une nouvelle petite méditation sur la mort, cette fois-ci beaucoup plus confortable que dans le placard.

Une des hôtesses s'avança et demanda s'il y avait un docteur parmi les passagers. Hector était embêté : quand on est psychiatre, on est un vrai docteur, mais souvent, à force d'écouter les gens, on a un peu perdu l'habitude de s'occuper des maladies normales. Surtout, il se demandait si l'hôtesse demandait un docteur parce qu'il y avait une dame en train d'avoir un bébé dans l'avion. Il avait toujours eu peur de ça quand il voyageait en train ou en avion. Quand il était étudiant, il n'était jamais passé dans les services où les dames font des bébés. Bien sûr, il avait appris des cours sur le sujet, mais très vite, juste en une nuit la veille de l'examen, alors il avait un peu oublié, et puis les cours et la réalité, ce n'est pas pareil. Et donc il était assez embêté, mais il fit quand même un signe à l'hôtesse et il lui dit qu'il était un vrai docteur.

L'hôtesse avait l'air contente, parce qu'elle expliqua qu'elle avait déjà demandé dans les autres parties de l'avion et personne n'était docteur, ou en tout cas personne n'avait eu envie de le dire. (Hector comprit pourquoi plus tard, on vous expliquera.)

Alors Hector quitta son petit paradis pour suivre l'hôtesse jusqu'en classe économique. Tous les gens assis dans les rangées le regardaient passer, parce qu'ils avaient compris que c'était le docteur, et ça l'inquiétait un peu ; qu'est-ce qu'il ferait si ça leur donnait l'idée à tous de vouloir une consultation ?

L'hôtesse l'amena près d'une dame qui avait l'air de se sentir mal.

Hector commença à lui parler, mais c'était difficile, parce que la dame avait très mal à la tête et elle ne parlait pas la langue d'Hector.

Quand elle parlait anglais, elle avait un accent un peu difficile à comprendre pour Hector et pour l'hôtesse.

Elle avait un visage un peu gonflé comme les gens qui boivent trop souvent, mais elle n'avait pas l'air d'avoir bu. Finalement, elle sortit un papier de son sac et le tendit à Hector. C'était un compte rendu d'opération : c'était beaucoup plus facile à comprendre pour un docteur. La dame, on l'avait opérée de l'intérieur de la tête six mois plus tôt parce qu'un petit bout de son cerveau s'était mis à pousser comme il ne fallait pas et on lui avait retiré ce mauvais bourgeon. Hector remarqua alors que ses cheveux n'étaient pas ses vrais cheveux, c'était une perruque. Comme ça repousse en six mois, Hector comprit aussi qu'on donnait à la dame des médicaments qui font gonfler le visage et tomber les cheveux, et que le bourgeon avait dû être vraiment très mauvais. Pendant qu'il lisait le compte rendu, la dame le regardait, comme si elle essayait de lire sur son visage ce qu'il pensait de tout ça. Mais Hector était entraîné à avoir toujours l'air rassurant, et il lui dit :

— Ne vous inquiétez pas, je vais juste vous poser quelques questions.

Et il lui parla comme un docteur, pour

savoir depuis combien de temps elle avait mal à la tête, si la douleur battait comme un cœur, ou si elle faisait mal comme une dent, et dans quelle partie de la tête elle avait le plus mal. Il lui examina aussi les yeux avec une petite lampe que lui prêta l'hôtesse. Il demanda à la dame de serrer les mains dans les siennes, et d'autres choses encore qu'on apprend pour devenir docteur. Et la dame avait l'air moins inquiète que quand il était arrivé.

Poser toutes ces questions et faire ces petits exercices, ça distrayait un peu Hector, ça l'empêchait de penser que la dame allait peut-être mourir, mais quand il eut fini, il fut obligé d'y penser à nouveau.

À ce moment l'hôtesse lui tendit le passeport de la dame, et il vit sur la photo qui datait de moins d'un an une belle jeune femme qui avait les mêmes yeux que celle qui le regardait, et il comprit que la maladie lui avait aussi volé sa beauté.

Il se souvint de la leçon n° 14 : *Le bonheur, c'est d'être aimé pour ce que l'on est.*

Alors il lui sourit, parce que ça devait beaucoup lui manquer, le sourire des hommes.

Hector fait un peu d'histoire et de géographie

Elle s'appelait Djamila, ce qui veut dire belle, justement, et elle venait d'un pays également très beau, où les gens un peu plus vieux qu'Hector allaient en voyage quand ils étaient jeunes, parce qu'on pouvait y fumer des herbes au milieu de magnifiques montagnes. Les filles en ramenaient de très beaux tissus pour faire des robes ou des rideaux. (C'était une époque où les robes et les rideaux se ressemblaient beaucoup.)

Depuis, ce pays avait toujours été en guerre, d'abord parce qu'un grand pays voisin qui voulait fabriquer le paradis sur Terre l'avait envahi, mais les habitants du pays très beau n'étaient pas d'accord avec cette version du paradis. Ils s'étaient mis à faire la guerre aux soldats du grand pays voisin pendant des années, et ça avait été comme un mauvais abcès pour le grand pays, il était tombé très malade. Après, les choses étaient allées de mal en pis pour tout le monde, beaucoup de mamans avaient beaucoup pleuré, le grand pays était devenu aussi faible qu'un petit pays, et le pays de Djamila n'avait plus arrêté d'être en guerre, parce que chez eux aussi ils avaient des gens qui voulaient fabriquer le paradis sur Terre. (Faites très attention, quand des gens annoncent qu'ils vont faire le paradis sur Terre, c'est presque toujours l'enfer qu'ils apportent.) Ce beau pays était devenu plus pauvre que du temps de la jeunesse d'Hector. Maintenant ça allait mieux, une grosse armée de tous les pays du monde était venue mettre de l'ordre (mais là, ils n'avaient pas de shorts, il faisait froid), et les gens avaient un peu repris espoir

Sauf Djamila, qui n'en avait sans doute pas beaucoup, d'espoir, et qui essayait de chercher des raisons d'en avoir en regardant le visage d'Hector pendant qu'il lisait son compte rendu d'opération écrit par un autre docteur, compte rendu qui n'était pas très bon, comme vous l'avez deviné.

Hector lui dit qu'il allait s'occuper d'elle jusqu'à la fin du voyage.

Il prit son air de docteur et dit à l'hôtesse

que Djamila avait besoin d'avoir de la place pour s'étendre, ça soulagerait un peu son mal de tête, et donc il fallait l'amener à côté de son siège à lui pour qu'il puisse la surveiller. L'hôtesse appela un steward très gentil. À eux trois ils aidèrent Djamila à se lever et à marcher jusqu'à l'autre partie de l'avion. Debout Djamila était grande, mais elle était très légère.

Quand elle fut assise à côté d'Hector, dans le siège très confortable qui s'inclinait presque comme un lit, pour la première fois elle sourit, et Hector reconnut la Djamila qui était sur la photo du passeport. Il lui demanda si elle avait toujours mal à la tête, et elle dit que oui ça continuait, mais que d'être là, ça lui faisait quand même plaisir et qu'Hector était vraiment trop gentil.

Ils continuèrent à se parler. Hector pensait que ça l'aiderait à oublier son mal de tête, et tout en lui parlant il regardait ses pupilles comme font les docteurs.

Tous les deux, ils allaient dans le grand pays où il y a le plus de psychiatres au monde. Remarquez, on a dit « le plus de psychiatres au monde », mais on aurait pu dire aussi le plus de piscines, le plus de prix Nobel, le plus de bombardiers stratégiques, le plus de tartes aux pommes, le plus d'ordinateurs, le plus de parcs naturels, le plus de bibliothèques, le plus de majorettes, le plus de tueurs en série, le plus de journaux, le plus de ratons laveurs, le plus de quantité d'autres choses, car c'était le pays du Plus, et depuis longtemps. Sans doute parce que ce pays était peuplé par des gens qui avaient quitté leur pays à eux parce qu'ils en voulaient plus, justement, et surtout plus de liberté. (Les seuls qui n'en avaient pas eu plus, de liberté, c'étaient les Indiens qui habitaient là avant, mais comme on l'a déjà dit, ça datait d'une époque où les gens qui venaient des pays comme ceux d'Hector avaient tendance à penser que tout était à eux.)

Djamila allait retrouver sa sœur qui avait épousé un citoyen de ce pays. Elle passerait quelque temps à se reposer avec eux.

Hector expliqua que lui, il allait là-bas pour rencontrer un professeur qui était un grand spécialiste du bonheur. Il regretta tout de suite d'avoir dit ça, parce qu'il se dit que le bonheur, ce n'était peut-être pas un très bon sujet à aborder avec Djamila.

Mais elle lui sourit, et elle expliqua que le bonheur pour elle c'était de savoir que son pays allait forcément être plus heureux, que ses petits frères n'allaient pas se faire tuer à la guerre quand ils seraient grands, et que sa sœur avait un gentil mari et des enfants qui pouvaient aller à l'école et en vacances et devenir docteur ou avocat, ou garde forestier, ou peintre, ou ce qu'ils voudraient.

Hector remarqua qu'elle ne parlait pas de son bonheur à elle, mais de celui des autres, des gens qu'elle aimait.

Et puis, Djamila dit qu'elle avait à nouveau un peu plus mal à la tête. Hector appela l'hôtesse et lui dit qu'il voulait parler au commandant de bord. (C'est quelque chose que vous pouvez faire seulement si vous êtes docteur.) Un peu plus tard le commandant de bord arriva dans son bel uniforme avec aussi une belle moustache. (Ne vous inquiétez pas, il y en avait un autre qui restait dans la cabine pour piloter l'avion.) Hector lui expliqua la situation, et le commandant de bord lui demanda si c'était utile qu'il fasse descendre l'avion pour voler plus bas.

Hector dit qu'on pouvait toujours essayer. C'est une chose que savent les pilotes et les docteurs : si vous avez quelque chose qui pousse un peu fort à l'intérieur de votre corps, plus vous êtes haut, comme au sommet d'une montagne ou dans un avion, plus ça pousse fort, parce que l'air autour de vous pousse moins fort, même dans un avion pressurisé.

Alors, le commandant de bord partit en vitesse faire redescendre l'avion.

Djamila dit à Hector que vraiment, elle trouvait qu'elle lui donnait beaucoup trop de soucis, et il répondit que non, ça l'amusait de discuter avec le commandant de bord et de faire descendre l'avion, et même la prochaine fois il lui demanderait de faire un looping pour que Djamila ait moins mal à la tête. Ça la fit rire et il reconnut encore la Djamila de la photo du passeport.

Ensuite, il demanda à l'hôtesse du champagne, parce que Djamila ça ne pouvait pas lui faire beaucoup de mal.

Ils trinquèrent, et Djamila dit que c'était la première fois qu'elle buvait du champagne, parce que dans son pays pendant longtemps c'était interdit, on ne trouvait plus que de la mauvaise vodka laissée par les soldats battus. Elle goûta au champagne, elle trouva que c'était merveilleux, et Hector dit qu'il était bien d'accord.

Hector se souvenait de la dernière leçon, *Le bonheur, c'est de faire la fête,* et il voulait que Djamila en profite.

Ils parlèrent encore un peu, elle n'avait plus mal à la tête, et puis elle s'endormit tranquillement.

Autour d'eux, les passagers s'inquiétaient, ils regardaient par les hublots et voyaient bien que l'avion volait plus bas. Alors les hôtesses leur expliquèrent pourquoi et les passagers regardaient Hector et Djamila, et ils étaient rassurés.

Hector réfléchissait à côté de Djamila qui dormait.

Djamila, elle devait souvent penser à sa mort. Lui, il y avait pensé pendant une petite heure dans son placard. Mais elle, c'était comme si elle vivait dans ce placard depuis des mois. Pourtant elle continuait de sourire.

Et elle lui avait dit qu'elle était contente que son pays et sa famille aient plus de chances d'être heureux.

Il prit son petit carnet et nota :

Leçon n° 17 : Le bonheur, c'est de penser au bonheur de ceux qu'on aime.

Hector rêve

Le pilote à la belle moustache posa l'avion très bien, sans aucune secousse, et tout le monde applaudit, peut-être parce que les gens avaient été un peu inquiets quand l'avion ne volait pas très haut. Du coup, un bel atterrissage ça les rendait heureux, alors que d'habitude, ça ne leur faisait pas grand-chose.

Encore une histoire de comparaison, se dit Hector.

Pendant que les passagers sortaient de l'avion en leur jetant de petits coups d'œil, il attendait avec Djamila et l'hôtesse les médecins que le pilote avait demandés par radio. Djamila s'était réveillée, et heureusement ses pupilles étaient restées pareilles, et elle pouvait serrer les mains d'Hector aussi fort des deux mains, mais pas très fort bien sûr parce que c'était une fille, et en plus elle était fatiguée.

Deux grands et gros messieurs en blouse

blanche arrivèrent avec une chaise roulante pour emmener Djamila, et Hector voulut leur expliquer ce qu'elle avait. Mais ils ne l'écoutèrent pas, ils demandèrent d'abord à Djamila si elle avait des assurances. Avant de soigner Djamila, ils voulaient savoir si elle pourrait payer ! En plus, ce n'étaient pas des médecins, parce que dans ce pays, les médecins ne se déplacent pas trop, ils attendent qu'on leur amène les malades. Hector s'énerva un peu, mais Djamila lui dit que ce n'était pas la peine, sa sœur avait pris toutes les assurances qu'il fallait, de toute façon elle devait l'attendre dans l'aéroport, et le père de son mari était docteur. Donc, on allait bien s'occuper d'elle, Hector pouvait partir.

Alors ils s'échangèrent leurs numéros de téléphone pour se donner des nouvelles et Hector s'en alla. Il se retourna une dernière fois et il vit Djamila, assise très droite sur son fauteuil entre les deux infirmiers, elle lui souriait en lui faisant un dernier petit signe de la main.

Hector était arrivé dans une très grande ville au bord de la mer, dans un endroit où il faisait toujours beau et où il y avait même des palmiers dans les jardins. La ville était aussi grande que certains pays. Elle était traversée dans tous les sens par des autoroutes qu'on voyait très bien du ciel. En regardant par le hublot Hector avait trouvé que ça faisait un peu comme si on avait jeté des spaghettis sur le tapis très compliqué qu'était la ville, avec aussi partout les petites pierres précieuses bleues et brillantes – les piscines. Car il y avait beaucoup beaucoup de piscines.

Hector racontait son voyage à Agnès, qui était venue le chercher à l'aéroport, et qui maintenant conduisait une belle voiture sur une de ces autoroutes qu'il avait vues de l'avion. Le ciel était tout bleu et l'air tremblait à cause de la chaleur, mais pas dans la voiture, parce que Agnès avait mis la climatisation à fond. Hector se souvenait qu'elle n'était pas frileuse du tout pour une fille.

Agnès était une ancienne bonne amie d'Hector, mais un jour ils s'étaient séparés. En fait, c'est Hector qui avait quitté Agnès, car il était bien jeune à l'époque et il ne savait pas encore reconnaître une fille très bien, parce qu'il n'en avait pas rencontré d'autres. Alors il avait quitté Agnès pour aller rencontrer des filles beaucoup moins bien pour lui, mais ça il ne le savait pas encore, il ne s'en était rendu compte que bien plus tard. Mais à ce moment Agnès, elle était déjà partie dans le grand pays du Plus, et elle s'était mariée avec un garçon de là-bas et avait même fait trois petits enfants avec lui. Mais Agnès et Hector étaient restés amis, parce qu'ils s'aimaient bien, même sans faire les choses que font les gens quand ils sont amoureux.

Quand Hector raconta l'histoire de Djamila à Agnès, ça la fit sursauter.

– Tu ne te rends pas compte, tu as pris un sacré risque ! Ici, les gens font facilement des procès aux médecins et leurs avocats demandent des dédommagements énormes. Et dans cet avion, c'est comme si tu avais été ici. En plus ton assurance ne t'aurait pas couvert Heureusement que tout s'est bien passé !

Hector expliqua que de toute façon Djamila était gentille, pas du genre à faire un procès à un docteur, mais en même temps il comprit pourquoi dans l'avion, il avait été le seul médecin que les hôtesses avaient trouvé, les autres avaient dû avoir peur de rencontrer des avocats plus tard. Ils avaient fait comme quand on ne veut pas être interrogé au tableau et qu'on regarde ailleurs.

Hector connaissait des avocats, et ils ne lui avaient jamais fait peur, il les trouvait juste un peu fatigants quand ils parlaient trop dans les dîners. Mais Agnès expliqua qu'ici ils étaient vraiment redoutables et qu'ils gagnaient autant d'argent qu'Édouard. (Agnès connaissait aussi Édouard, qui avait été un peu amoureux d'elle quand ils étaient très jeunes, mais Agnès à l'époque, elle était amoureuse d'Hector, l'amour, c'est compliqué.)

La maison d'Agnès était très jolie, il y avait une belle pelouse, des palmiers, et une piscine en forme de haricot. Le mari d'Agnès était pas mal non plus, c'est un peu comme si Hector avait eu un frère toujours premier en gym. Il s'appelait Alan et il était très gentil avec Hector, sauf que tous les soirs il lui demandait s'il voulait aller courir avec lui le matin, parce que Alan commençait toutes ses journées en courant cinq kilomètres. Comme il faisait ça à six heures trente du matin, Hector n'avait pas trop envie de courir, il voulait juste continuer à rêver, parce que les rêves c'est très important pour un psychiatre.

Pendant qu'Alan courait et qu'Agnès préparait le petit déjeuner des enfants avant de les emmener à l'école, Hector rêvait de Ying Li, mais parfois il mélangeait tout : au lieu de Djamila qui avait mal à la tête dans l'avion, c'était Ying Li et il essayait de la sauver en lui serrant les mains très fort. Plus tard, c'était Hector qui était assis dans la chaise roulante, et c'était

Clara qui le poussait dans l'allée entre les sièges. Et le pilote qui venait le voir, c'était le vieux moine chinois, toujours habillé en moine mais avec une casquette de pilote et qui continuait à rigoler en le regardant, parce que maintenant, Hector était revenu à sa place dans l'avion mais il était tout nu, et il n'osait pas se lever de son siège parce qu'il avait peur que les autres passagers et les hôtesses s'en aperçoivent. La personne assise à côté de lui posait sa main sur son bras pour le rassurer, et c'était Ying Li, mais aussi Clara, la cousine de Marie-Louise, Djamila, toutes en une seule femme qui l'aimait et qui lui souriait, et là c'était le bonheur, mais il se réveilla.

Il prit son petit carnet et nota :

Leçon n° 18 : Le bonheur, ce serait de pouvoir aimer plusieurs femmes en même temps.

Le problème, bien sûr, c'est que les femmes, elles n'étaient pas d'accord.

Il barra la phrase et fit plein de petits gribouillis dessus, parce qu'il avait un peu peur que Clara, un jour, trouve son carnet et qu'elle arrive à la lire.

Hector va à la plage et fait du calcul

La maison d'Alan et d'Agnès était dans une des plus belles parties de cette ville qui était grande comme un petit pays, tout près de la mer. Alors, le matin, Hector descendait la rue bordée d'arbres et de jolies maisons en bois, certaines assez anciennes (pour cette ville, ancienne, ça voulait dire de l'âge d'une vieille dame). Puis il prenait un petit escalier taillé dans la falaise, il passait sous la route vrombissante, et il se retrouvait sur une immense plage de sable blanc, il la traversait et allait se mouiller les pieds dans la mer qui était assez froide. Quand il avait les pieds dans l'eau, il regardait l'horizon tout bleu, et se disait que cette mer allait jusqu'en Chine. Cette petite vague qui lui mouillait les chevilles, elle venait peut-être juste de la ville où il avait rencontré Ying Li.

Ce qui était bizarre, c'est que sur cette plage

magnifique, il n'y avait pas grand monde, et encore moins des gens comme Hector, Agnès ou Alan. Il y avait surtout des gens pauvres à la peau un peu foncée avec pas mal d'enfants, ou alors des Noirs en général assez jeunes. Hector comprit que dans ce pays, les gens riches soit ils n'avaient pas le temps d'aller à la plage parce qu'ils travaillaient beaucoup comme Alan et Agnès, soit ils préféraient l'eau bien propre de leur piscine ou de leur jacuzzi, soit ils ne voulaient pas trop se mélanger aux pauvres, mais ça bien sûr c'était vrai dans tous les pays.

D'ailleurs, il y avait d'autres plages plus loin au nord de la ville, où des gens riches avaient leur maison, et même des vedettes de cinéma. Mais là, si on n'était pas du coin, on n'avait pas le droit de marcher sur la plage, parce que dans ce pays, même une plage, vous pouviez l'acheter du moment que vous aviez l'argent pour.

Du coup, les pauvres avaient toute cette grande plage pour eux, sans avoir à la payer, et ils s'amusaient bien à jouer au volley, à boire des bières ou à draguer les filles, et ils avaient l'air assez heureux, parce que sur cette plage, ils pouvaient oublier qu'il y avait des gens plus riches qu'eux avec de belles voitures, de belles maisons et des avocats très chers.

Hector mit ses lunettes de soleil, et il écrivit :

Leçon n° 19 : Le soleil et la mer, c'est le bonheur pour tout le monde.

Et il se dit que, si un jour il devenait vraiment pauvre, il irait chercher refuge dans une ville ensoleillée au bord de la mer et dans un pays pauvre pour se sentir moins pauvre. (Rappelez-vous la leçon n° 1 : *Un bon moyen de gâcher son bonheur, c'est de faire des comparaisons.*)

Il regarda sa liste de leçons et sentit qu'il arrivait peu à peu à la fin. De plus en plus souvent maintenant, quand une aventure de son voyage le faisait réfléchir au bonheur, il s'apercevait que cela correspondait à une leçon qu'il avait déjà notée. Ça voulait dire qu'il avait trouvé presque toutes les leçons qui existaient ou alors qu'il tournait en rond et qu'il était temps de montrer la liste à quelqu'un d'autre. (Pour l'instant, la seule personne qui l'avait lue en entier, c'était le chef des bandits, mais il n'avait pas dit à Hector ce qu'il en pensait.)

Le soir, Hector dînait avec Alan, Agnès et les enfants. Il était content d'être dans une vraie famille avec un papa et une maman, et deux petits garçons et une petite fille, parce que ça lui semblait une bonne base pour trouver le bonheur. Le problème, c'est que les enfants ne restaient pas très longtemps à table, ils allaient jouer dans le jardin, revenaient prendre du gâteau, ou remontaient dans leur chambre regarder la télé ou jouer sur leur ordinateur.

Ça énervait Agnès qui voulait qu'ils restent à table plus longtemps, mais Alan, il avait l'air de s'en ficher un peu, et il racontait son travail à Hector. Alan n'était pas seulement bon en gym, il était aussi fort en calcul, et il calculait des choses très compliquées. En fait, il calculait des calculs de calculs, et après d'autres gens moins forts en calcul se servaient des siens pour faire fonctionner des ordinateurs ou pour déchiffrer le code génétique. (On ne vous expliquera pas ce que c'est, ça serait trop long, regardez plutôt dans le dictionnaire.) Comme le calcul, ça lui plaisait beaucoup à Alan, pour se reposer il fabriquait des problèmes de calcul amusants pour un grand journal, du genre de ceux dont on ne trouve pas la réponse, alors on se sent complètement idiot.

— Tu devrais dire aux enfants de rester à table ! dit Agnès.

— Ils n'ont pas envie, répondit Alan.

— Bien sûr qu'ils n'ont pas envie, s'ils sentent que tu es d'accord.

— Je ne suis pas spécialement d'accord, mais je ne veux pas batailler avec les enfants pendant mon dîner.

— « Mon dîner », voilà ! Moi j'aimerais que ça soit « notre » dîner, le dîner de toute la famille.

— Ce sont des enfants, ils s'ennuient à table. Moi aussi j'étais comme eux.

— Ce n'est pas ce que dit ta mère. Elle faisait des vrais dîners, elle, avec ses enfants.

— Oh oui, et je n'en ai pas de bons souvenirs. Écoutez tous les soirs les jérémiades de ma mère !

Là, Agnès, elle eut l'air émue :

— Est-ce que tu parles pour moi, là ? Je te fatigue avec mes jérémiades ?

— Non, mais c'est vrai que cette conversation se répète un peu trop souvent.

— Ah oui ? Eh bien, elle ne se répéterait pas si tu avais un peu plus d'autorité sur les enfants !

– Ils ne font pas de bêtises, ils s'amusent.

– Ils regardent des séries débiles ! Au lieu d'échanger avec leur parents.

– Il y a d'autres moments que le dîner.

– Lesquels ? Tu travailles toute la journée, je suis celle qui passe le plus de temps avec eux.

– Eh bien comme ça, ils échangent avec leur mère.

– Des parents, c'est un père et une mère, au cas où tu n'aurais pas remarqué.

– Pas toujours, moi mon père s'est barré quand j'étais assez jeune.

– Et voilà le résultat : tu n'a pas eu de modèle pour t'occuper de tes enfants !

– Non, mais j'ai eu un modèle de mec qui finit par se barrer à force d'entendre sa femme se plaindre, se plaindre et encore se plaindre !

Hector, il était très mal à l'aise, ça lui rappelait quand il était à son bureau et quand un monsieur et une dame se disputaient devant lui, mais là, c'était différent, parce que c'étaient ses amis, et en plus ça se passait dans leur belle cuisine.

Alan et Agnès s'aperçurent tout à coup qu'Hector était mal à l'aise et ils lui dirent « excuse-nous », et tout le monde essaya de reprendre une conversation normale. Hector leur raconta le but de son voyage et les leçons qu'il avait déjà découvertes.

Ça fit réfléchir Alan : il fit remarquer que peut-être, on pouvait arriver à calculer le bonheur.

– Calculer le bonheur ? demandèrent Agnès et Hector.

– Oui, si le bonheur dépend de différents facteurs, par exemple la santé, les amis, un travail qui vous plaît, on pourrait rassembler tous ces éléments dans une formule. Chaque terme aurait un coefficient différent et à la fin, on aurait un résultat, son taux de bonheur... Ou son quotient de bonheur, voilà, le QB !

Hector sortit son carnet et le montra à Alan et à Agnès. (Il était bien content d'avoir gribouillé la leçon n° 18, parce que Agnès ne l'aurait certainement pas trop aimée non plus.) En réfléchissant tous les trois, ils essayèrent de trouver les mots qui correspondaient à chacune des leçons.

Pour certaines, c'était facile. Par exemple pour la leçon n° 8 : *Le bonheur, c'est d'être avec des gens qu'on aime,* on pouvait écrire « amour-/amitié » et pour la 8 bis, « solitude/isolement », en lui donnant un coefficient négatif (si vous ne comprenez pas ce que ça veut dire un coefficient négatif, ne vous inquiétez pas,

Alan, lui, il sait.) Pour la leçon n° 4 : *Beaucoup de gens pensent que le bonheur, c'est d'être plus riche ou plus important,* on pouvait écrire « statut social » ou « argent ».

Mais essayez de trouver un mot pour les leçons comme la n° 5 : *Le bonheur, parfois, c'est de ne pas comprendre* » ou la n° 7 : *L'erreur, c'est de croire que le bonheur est le but,* et vous verrez que c'est comme les problèmes qu'Alan écrit dans le journal, on n'arrive pas à trouver la bonne réponse.

À la fin, ils arrivèrent à une liste :

Être aimé Argent Se sentir utile

Amitié Santé Statut social Travail qu'on aime

Faire la fête Bonheur de ceux qu'on aime Sérénité

À la fin, ils ne trouvaient plus d'autres mots. Et puis Alan regarda Agnès et il ajouta : « Être marié. » Et Agnès, elle eut les yeux un peu mouillés.

Hector se renseigne sur la vie de famille

Le lendemain, Hector arriva à se réveiller assez tôt pour qu'Agnès l'emmène à son travail. Cette fois-ci, ils ne prirent pas l'autoroute, parce qu'à cette heure-là, elle était un peu bouchée. Comme ça Hector put mieux voir à quoi ressemblait cette ville, et elle ne ressemblait à rien de ce qu'il avait vu. Il y avait des boulevards de belles maisons de style espagnol toutes blanches, ou de style anglais avec des briques et des petits carreaux, ou de style bord de mer tout en teck, ou de style chalet autrichien, ou de style moderne tout en verre, et plein d'autres encore, comme si les architectes s'étaient amusés à essayer tous les styles. Et puis d'autres endroits avec des supermarchés, des garages, des parkings, des stations-service, comme dans une grande banlieue. Et puis des quartiers d'immeubles modernes avec plein de gens en costume malgré le ciel toujours bleu et la chaleur. Et puis des zones avec des puits de pétrole en pleine ville et de terrains vagues et des garçons noirs qui jouaient au basket.

Dans la voiture, bien sûr, Hector demanda à Agnès si elle était heureuse.

– Comme je savais que tu allais me poser la question, j'ai réfléchi depuis hier soir. Je crois que je suis heureuse. J'ai un métier que j'aime, . mari que j'aime, et des enfants heureux. En fait, tout ce que je souhaite, c'est que cela dure. Le seul nuage à mon bonheur, c'est parfois que je me dis que comme tout va bien, cela ne pourra pas durer tout le temps et qu'un jour ça ira moins bien.

– Tu dis : « Je crois que je suis heureuse. » Qu'est-ce qui te permet de le dire ? C'est de te comparer aux autres ?

– Pas seulement. On ne sait jamais comment les autres ressentent leur bonheur ou leur malheur. En fait, je me compare à moi-même ! Je pense aux autres périodes de ma vie, et il me semble que je n'ai jamais été aussi heureuse.

Hector trouva intéressante cette idée de se comparer à soi. Les comparaisons, ça pouvait bien sûr gâcher le bonheur (leçon n° 1), mais aussi aider à se dire qu'on était heureux. Il pensa aussi que ça voulait dire qu'Agnès se trouvait aujourd'hui plus heureuse qu'à l'époque où elle était avec lui, Hector. D'un côté il comprenait bien pourquoi, mais d'un autre ça le contrariait un peu, parce que les hommes, ils sont comme ça.

Comme il réfléchissait sans rien dire, Agnès continua de parler :

— Bien sûr, ce n'est pas tous les jours rose. Tu as vu notre dispute à propos des enfants. Mais c'est la vie normale d'un couple de parents, je suppose.

Hector lui demanda si justement, avoir des enfants, ça rendait plus heureux. Agnès dit que ça donnait de grands moments de bonheur, mais aussi pas mal de soucis, il fallait tout le temps penser à eux, et puis aussi c'en était fini pour des années de faire la grasse matinée et Hector fut effrayé rien qu'à cette idée.

Elle s'inquiétait aussi pour l'avenir de ses enfants parce que dans ce pays, les enfants devenaient un peu fous. Hector lui dit que dans son pays aussi, il y avait des enfants qui devenaient fous, mais bien sûr comme le pays où vivait Agnès était le pays du Plus, les enfants fous l'étaient un peu plus, et par exemple, au lieu de taper tous les jours sur leurs camarades moins costauds, sur les filles et même sur leurs professeurs, comme dans le pays d'Hector, ici il y en avait qui leur tiraient carrément dessus avec des armes pour grandes personnes.

– C'était pour ça que je râlais hier soir. Je ne veux pas que mes enfants soient élevés par la télé ou les jeux vidéo. Mais c'est ce qui est en train d'arriver aux enfants des pays riches, et des pays pauvres aussi. On s'intéresse beaucoup à la pollution de l'air, mais pas à la pollution mentale des enfants.

Et Agnès continuait de parler, parce que c'était un sujet important pour elle. Elle faisait même une étude là-dessus. Elle montrait à de petits enfants un film où un monsieur tapait une poupée. Et puis après, elle laissait les enfants jouer ensemble et elle comptait le nombre de fois où ils se tapaient dessus entre eux (pas très fort heureusement, ils étaient petits). Eh bien, ils se tapaient nettement plus dessus après avoir vu le film qu'avant. Parce que, expliquait Agnès, les enfants, ils apprennent beaucoup en imitant, ils sont fabriqués comme ça, et c'est pour ça que vous serez plus gentil si vous avez un papa et une maman gentils.

Vous allez croire qu'Agnès, elle était psychiatre, mais non elle était psychologue. Un psychologue, c'est quelqu'un qui a fait des études sur comment les gens pensent, ou comment ils deviennent un peu fous, ou alors comment les enfants apprennent leur leçons et pourquoi certains n'y arrivent pas, ou pourquoi ils tapent leurs camarades. Par rapport aux psychiatres, ils n'ont pas le droit de prescrire de pilules, mais ils ont le droit de faire passer des tests où il faut choisir le bon dessin dans une case, ou alors faire des calculs avec des dominos, et aussi dire à quoi vous fait penser une tache d'encre. Et après ils savent un peu comment votre esprit fonctionne (mais ils ne comprennent pas tout, il faut quand même le dire).

Hector demanda à Agnès si elle était heureuse quand elle travaillait sur cette étude à propos des enfants. Agnès dit que oui, parce qu'elle se sentait utile aux autres (leçon n° 13, pensa Hector).

Ils arrivèrent à l'université où travaillait Agnès, et aussi Alan, parce que justement, c'était là qu'ils s'étaient rencontrés. Ce qui était amusant c'est que cette université, vous auriez dit qu'elle datait du Moyen Âge ou un peu après : il y avait de beaux bâtiments de style ancien, avec de petits clochers, des colonnes, des statues et partout d'immenses pelouses. En fait, l'université n'était pas plus ancienne qu'une vieille dame, mais les gens d'ici ils avaient voulu avoir une université aussi belle que dans les pays comme celui d'Hector. Alors ils avaient copié, et ils avaient inventé le style « Moyen Âge neuf ». C'était décidément le pays du Plus.

Il y avait plein d'étudiants de toutes les couleurs qui marchaient sur les pelouses, et certaines mignonnes Chinoises en short qui lui firent penser à vous-savez-qui, mais il essaya de se concentrer, il était venu ici pour travailler dur.

Parce que c'était là que travaillait le grand professeur qui était un spécialiste mondial du bonheur. Il étudiait le bonheur depuis des années, il allait dans des congrès en parler et il était très connu pour ça. Enfin, pas aussi connu qu'un présentateur de télévision, mais assez quand même, surtout chez les autres spécialistes du bonheur. Agnès le connaissait bien, il avait été son professeur. Alors, elle lui avait parlé d'Hector et le grand professeur était d'accord pour discuter avec lui et comme ça Hector pourrait lui montrer sa liste.

Hector avait un peu le trac, comme avant d'aller au tableau, parce que ses petites leçons il les avait trouvées très intéressantes quand il les écrivait, et même quand il les avait relues hier soir avec Agnès et Alan, mais maintenant, avant de les montrer au grand professeur il les trouvait un peu nulles.

Il raconta ça à Agnès, mais elle lui répondit qu'il se trompait, que ces leçons avaient le poids de la vie, et son regard à lui, Hector, ne valait pas moins que des résultats d'expérience en laboratoire.

Alors Hector se dit que c'était vraiment une fille très bien, et qu'on est parfois très bête quand on est jeune.

Hector apprend qu'il n'est pas idiot

Le grand professeur était tout petit, mais il avait un grand nez et une grande touffe de cheveux blancs qui se dressait au-dessus de sa tête comme le plumage d'un oiseau. Il parlait très fort et regardait Hector en faisant de temps en temps « hein ? hein ? », comme s'il attendait qu'Hector dise « oui, bien sûr ». Mais il ne lui laissait pas le temps de le dire et il repartait dans ses histoires.

— Le bonheur, déjà, bon sang, on se casse la tête pour essayer de le définir. Est-ce que c'est la joie – on vous dira, non, la joie, c'est une émotion, ça ne dure pas, c'est juste un moment de bonheur, remarquez, c'est toujours bon à prendre. Alors le plaisir, hein ? hein ? Ah oui ! ça parle ça, tout le monde sait ce que c'est, mais là aussi ça ne dure pas forcément. Mais est-ce que le bonheur ce n'est pas une somme de petites joies et de petits plaisirs ? hein ? hein ? Eh bien mes collègues finalement, ils se sont mis d'accord sur le terme « bien-être subjectif », beurk, comme c'est triste et plat, on dirait déjà un discours juridique pour avocat : « Mon client porte plainte pour atteinte à son bien-être subjectif ! » Non, mais vous vous rendez compte ! hein ? hein ?

Hector le trouvait extraordinaire pendant qu'il marchait de long en large en parlant, comme s'il voulait occuper le maximum d'espace. On sentait aussi qu'il était très savant.

Finalement, Hector lui montra sa liste.

— Ah oui, dit le professeur en chaussant de petites lunettes, Agnès m'en avait parlé, une fille très bien, hein ? hein ? J'ai connu beaucoup d'étudiantes, mais celle-là vraiment une vraie intelligence, et charmante avec ça...

Pendant qu'il lisait la liste, Hector se demandait si le professeur n'allait pas trouver que lui n'avait pas une vraie intelligence, mais plutôt une vraie naïveté ou, pourquoi pas, une vraie bêtise. Alors il avait le trac, mais en même temps il se disait que quand on a échappé à la mort, on ne devrait pas avoir le trac face à un professeur qui fait « hein ? hein ? ».

Le professeur lisait sa liste. Hector l'avait recopiée au propre, et au cas où vous l'auriez oubliée, on vous l'a aussi recopiée là, en dessous.

Leçon n° 1 : Un bon moyen de gâcher son bonheur, c'est de faire des comparaisons.

Leçon n° 2 : Le bonheur arrive souvent par surprise.

Leçon n° 3 : Beaucoup de gens voient leur bonheur seulement dans le futur.

Leçon n° 4 : Beaucoup de gens pensent que le bonheur, c'est d'être plus riche ou plus important.

Leçon n° 5 : Le bonheur, parfois, c'est de ne pas comprendre.

Leçon n° 6 : Le bonheur c'est une bonne marche au milieu de belles montagnes inconnues.

Leçon n° 7 : L'erreur, c'est de croire que le bonheur est le but (à se faire mieux expliquer).

Leçon n° 8 : Le bonheur, c'est d'être avec des gens qu'on aime.

Leçon n° 8 bis : Le malheur, c'est d'être séparé de ceux qu'on aime.

Leçon n° 9 : Le bonheur, c'est que sa famille ne manque de rien.

Leçon n° 10 : Le bonheur, c'est d'avoir une occupation qu'on aime.

Leçon n° 11 : Le bonheur, c'est d'avoir une maison et un jardin.

Leçon n° 12 : Le bonheur, c'est plus difficile dans un pays dirigé par de mauvaises personnes.

Leçon n° 13 : Le bonheur, c'est de se sentir utile aux autres.

Leçon n° 14 : Le bonheur, c'est d'être aimé pour ce qu'on est.

Remarque : On est plus gentil avec un enfant qui sourit (très important).

Leçon n° 15 : Le bonheur, c'est de se sentir complètement vivant.

Leçon n° 16 : Le bonheur, c'est de faire la fête.

Question : Est-ce que le bonheur, c'est juste une réaction chimique dans le cerveau ?

Leçon n° 17 : Le bonheur, c'est de penser au bonheur de ceux qu'on aime.

Leçon n° 19 : Le soleil et la mer, c'est le bonheur pour tout le monde.

Le professeur rigolait tout seul en lisant la liste et Hector se sentait gêné, mais il chercha une pensée pour se réconforter, et finalement il en trouva une dans sa tête : « Le bonheur, c'est de ne pas attacher trop d'importance à l'opinion des autres. » Ça ferait peut-être une bonne leçon n° 18 pour remplacer celle qu'il avait gribouillée.

Finalement, le professeur regarda la liste puis il regarda Hector.

– Ça, c'est amusant, vous avez réussi à presque tout noter !

– À noter tout quoi ?

– À noter tous les déterminants du bonheur. Enfin, ceux sur lesquels on fait de la recherche. Ça n'est pas idiot, votre truc !

– Vous voulez dire que toutes les leçons peuvent marcher ?

– Oui, à peu près. Sur chacune des leçons, je peux vous trouver une vingtaine d'études qui montrent par exemple que... (il regarda la liste) notre bonheur dépend de comparaisons, comme ce que dit la leçon n° 1. Tenez, je vais vous poser trois questions. D'abord, je vous demande de réfléchir à l'écart qu'il y a entre votre vie actuelle et celle que vous aimeriez avoir.

Hector réfléchit, et puis il dit qu'il était assez content de sa vie, il aimerait surtout qu'elle dure comme ça.

Bien sûr, il aurait aimé pouvoir retrouver Ying Li et aimer Clara en même temps, mais il dit simplement au professeur :

– Peut-être que j'aimerais avoir une vie amoureuse plus stable.

Le professeur soupira, avec l'air de dire : « Ah ! pauvres de nous... » Et puis il demanda à Hector de réfléchir à un deuxième écart :

celui entre sa vie actuelle et la meilleure période dans son passé.

Hector dit qu'il avait de bons souvenirs de jeunesse, mais il avait l'impression que sa vie était plus intéressante aujourd'hui. Il se souvint qu'Agnès, elle aussi, avait trouvé qu'elle était plus heureuse maintenant que dans le passé. Dans l'avion Charles, c'était un peu l'inverse. Il se souvenait d'avoir déjà voyagé en première classe, et se trouvait moins bien en *business*.

– Troisième question, troisième écart, dit le professeur. Réfléchissez à l'écart entre ce que les autres ont et ce que vous avez.

Cette question parut très intéressante à Hector. Dans son pays, les pauvres étaient plus riches que la plupart des autres habitants du monde, mais ça ne les rendait pas heureux de savoir ça, parce qu'ils voyaient tous les jours que leurs compatriotes plus riches profitaient de plein de choses agréables mais trop chères pour eux, les pauvres. Et la publicité à la télé elle leur rappelait ça tous les jours. Avoir pas beaucoup, c'est une chose, mais avoir moins que les autres, c'est un peu comme se sentir le dernier de la classe, ça peut rendre malheureux. C'est pour ça que les gens pauvres du pays du Plus (et de tous les pays d'ailleurs) aimaient bien la plage : sur la plage, tout le monde est presque pareil. Inversement les riches, ils aimaient bien montrer qu'ils avaient plus que les autres, par exemple en s'achetant de grosses voitures très chères qui n'étaient pas vraiment utiles.

Mais Hector, les comparaisons, ça ne le tracassait pas beaucoup. D'abord, il avait la grande chance de faire partie des gens qui avaient à peu près ce qu'ils voulaient. Quand il était plus jeune, au lycée, il se comparait à ceux qui savaient mieux y faire avec les filles ou à ceux qui étaient plus forts en gym, et parfois ça le contrariait, mais depuis il s'était un peu rattrapé pour les filles, et être fort en gym, ce n'est pas très important quand vous êtes psychiatre. Dans l'ensemble, il ne se comparait pas tellement aux autres. Il connaissait des gens plus riches ou plus célèbres que lui, mais il n'avait pas l'impression qu'ils étaient plus heureux. (La preuve, certains venaient même le voir pour se plaindre de leur vie, et il y en avait même qui essayaient de se suicider !) Alors il s'en fichait un peu. Tandis qu'Édouard par exemple, il se comparait souvent aux gens plus riches que lui, mais c'était souvent comme ça chez les hommes d'affaires, ils font toujours la course.

— Bon, dit le professeur, eh bien je pense

que vous devez être assez heureux, hein ? hein ? Parce que j'ai un collègue qui a montré que la somme de ces trois écarts – entre ce qu'on a et ce qu'on aimerait avoir, entre ce qu'on aujourd'hui et le mieux de ce qu'on a eu dans le passé, et entre ce qu'on a et ce que les autres ont –, et bien cet écart moyen, c'est très lié au bonheur. Plus il est petit, plus on est heureux.

– Mais comment mesure-t-on le bonheur ?

– Ha, ha ! bonne question, dit le professeur.

Et il recommença à marcher autour de son bureau, tout excité avec sa touffe de cheveux qui frémissait, et Hector se souvint qu'Agnès lui avait dit que c'était sa spécialité au professeur, la mesure du bonheur.

Alors là Hector était très content : s'il apprenait à mesurer le bonheur, il pourrait vraiment se dire que son voyage avait été utile !

Hector apprend à mesurer le bonheur

– Imaginez que je sois un Martien, dit le professeur et que je veuille comprendre les humains. Comment allez-vous me faire comprendre que vous vous sentez heureux ?

C'était une question bizarre, à se demander si lc professeur n'en était pas un, de Martien. Hector pensa qu'il avait dû rétrécir un peu dans le transporteur spatio-temporel, sauf pour le nez et la mèche de cheveux. Mais il savait aussi que les grands savants, ils ont souvent le sens du bizarre, et c'est cette manière de voir les choses qui leur fait faire des découvertes. Alors il essaya de répondre comme s'il voulait expliquer à un Martien comment c'était d'être heureux.

– Eh bien, je pourrais vous dire que je me sens bien, que je me sens joyeux, gai, optimiste, positif, en pleine forme. Évidemment, si vous êtes un Martien, il va falloir vous faire comprendre tous ces mots, vous expliquer ce que c'est que des émotions. Et les émotions, c'est comme les couleurs, c'est difficile à expliquer.

— Absolument !

— Ça serait peut-être plus facile de vous expliquer que je suis content de ma vie, que les choses se passent comme je veux. Que je suis satisfait dans différents domaines, mon travail, ma santé, mes amis, mes... amours.

— Pas mal ! Pas mal ! Mais encore ?

Hector ne voyait rien d'autre.

— Avez-vous déjà vu un poulain dans un champ au printemps ? demanda brusquement le professeur.

Hector en avait vu, bien sûr, et cette image lui fit penser à Ying Li qui chantonnait dans la salle de bains et était apparue devant lui toute contente et sautillante.

— Oui, dit Hector, j'en ai vu un récemment.

— Et alors ? Comment avez-vous su qu'il était heureux ? Comprenez bien, pour le jeune poulain, c'est un peu vous le Martien, hein ? hein ?

C'était encore une remarque bizarre, mais Hector commençait à s'habituer à la manière de voir du professeur.

— Ah oui, je comprends qu'il est heureux

parce qu'il hennit, gambade, veut jouer... Devant mon Martien, je pourrais sourire, chantonner, rire, sauter de joie, faire des galipettes et lui expliquer que quand les humains font ça, c'est qu'ils sont heureux. En tout cas qu'ils sont de bonne humeur au moment où ils le font.

— Voilà, dit le professeur. Vous avez trouvé les trois grande méthodes de mesure du bonheur.

Et il expliqua à Hector qu'on pouvait mesurer le bonheur en questionnant les gens sur le nombre de fois où ils s'étaient sentis de bonne humeur, gais, joyeux, dans la journée ou dans la semaine ; c'était la première méthode. On pouvait aussi leur demander s'ils étaient contents de leur vie dans différents domaines ; ça, c'était la deuxième. Ou alors, on observait l'expression de leur visage qu'on filmait et qu'on mesurait par des moyens très compliqués. (On arrivait même à classer une douzaine de sortes de sourires différents, avec le sourire de quand vous êtes vraiment content ou le sourire que vous faites juste pour montrer que vous n'êtes pas énervé, alors que vous l'êtes quand même.)

— La preuve qu'on mesure bien la même chose, c'est que si vous examinez un groupe de personnes avec ces trois méthodes, et qu'ensuite vous les classez selon leur score, les gens se retrouvent avec à peu près le même classement sur les trois méthodes de mesures !

Et le professeur avait l'air très heureux en disant ça. On aurait dit que lui-même allait faire des galipettes. Hector se souvint qu'Agnès lui avait dit qu'il avait passé une partie de sa vie à prouver que ces trois mesures du bonheur collaient à peu près ensemble.

En regardant le professeur tout content, Hector se souvint des leçons n° 10, *le bonheur, c'est d'avoir une occupation qu'on aime,* et n° 13, *le bonheur, c'est de se sentir utile aux autres.* Il demanda au professeur :

– Et alors, après, comment se sert-on de ces résultats ?

– On s'en sert pour demander plus de crédits de recherche. Je vais bientôt pouvoir commencer une nouvelle étude !

Et là, il raconta une histoire assez compliquée : il voulait savoir si le bonheur, ça dépendait surtout de si tout se passait bien dans votre vie, ou si ça dépendait surtout de votre caractère, si vous étiez déjà né comme pour être heureux. Pour ça, il étudiait depuis des années des jeunes filles (aujourd'hui, elles étaient devenues des dames) en leur demandant tous les ans, avec plein de questionnaires, si elles étaient heureuses, ce qui leur était arrivé dans l'année, mais aussi en examinant leur portrait quand elles avaient vingt ans.

– Eh bien vous savez quoi ? dit le professeur. Il y a un rapport entre la sincérité et l'intensité du sourire à vingt ans et le bonheur à quarante !

Hector aurait bien aimé voir les photos de ces jeunes filles, mais le professeur était parti dans l'explication d'une autre étude. On avait suivi des jumeaux depuis qu'ils étaient enfants et on essayait de voir s'ils étaient aussi heureux l'un que l'autre, même quand ils avaient des vies différentes après. Il fallait faire plein de calculs, du genre de ceux qu'aimait bien Alan.

Le professeur se mit à expliquer les calculs au tableau et Hector lui disait que non, ce n'était pas la peine, mais le professeur répondait : « Si, si, vous allez voir, vous allez comprendre, hein ? hein ? » Hector se dit qu'il était un peu comme les skieurs qui vous emmènent sur une piste très difficile en vous disant que vous allez bien vous amuser, on en a déjà parlé au début.

Hector commençait à être un peu fatigué, alors il demanda :

— Pour les leçons de ma petite liste, est-ce qu'on a fait des calculs ?

Le professeur se retourna d'un air un peu énervé :

— Justement, justement, c'est ce que j'allais vous expliquer.

Il regarda la liste d'Hector et il dit que grâce à beaucoup d'études et de calculs, on avait montré que si on se comparait aux autres et qu'on se trouvait pas si mal, si on n'avait pas de soucis d'argent ou de santé, si on avait des amis, une famille unie, un travail qu'on aimait, si on était croyant et pratiquant, si on se trouvait utile, si on faisait une petite marche de temps en temps, et tout ça dans un pays dirigé par de pas trop mauvaises personnes où on s'occupait de vous quand ça allait mal, et bien ça augmentait vachement vos chances d'être heureux.

Hector était content : d'après ce que disait le professeur, il avait donc pas mal de chances d'être heureux. À part qu'il n'avait pas exactement une famille autour de lui, et qu'il n'était pas très croyant et encore moins pratiquant. D'un autre côté, il connaissait aussi des gens mariés qui vivaient dans l'enfer de la dispute perpétuelle ou de l'ennui éternel, et aussi chez ses patients des gens croyants et pratiquants très malheureux parce qu'ils se trouvaient toujours mauvais même quand ils étaient tout à fait bien. Il dit ça au professeur.

– Je n'y peux rien ! dit le professeur, c'est ce qu'on trouve dans les résultats. Les hommes célibataires se trouvent moins heureux que les mariés et d'ailleurs, ils ont plus de soucis de santé. Et les croyants et pratiquants se sentent mieux que les autres, d'après toutes les mesures. Bien sûr, tout ça, c'est vrai en moyenne, il y a des cas particuliers. Mais regardez, il y a plein d'études !

Et il montra à Hector un grand placard où il y avait des piles de papier. C'étaient des centaines d'articles écrits par des gens comme le professeur ou Agnès.

Hector se sentit assez fier d'avoir trouvé juste avec son petit carnet ce que des gens comme le professeur ou Agnès avaient trouvé en faisant plein d'études compliquées. Mais c'est ça la science : il ne suffit pas de penser quelque chose, il faut essayer de vérifier si c'est vrai. Sinon tout le monde pourrait penser et dire n'importe quoi, et si ce sont des gens à la mode qui le disent, on les croit. (Hector s'en souvenait : en psychiatrie, il y avait eu pas mal de gens à la mode comme ça, ils aimaient bien penser et surtout parler, mais pas du tout vérifier. Du coup, ils avaient dit pas mal de belles bêtises.)

— Bon, dit le professeur, maintenant je vais vous montrer quelque chose de vraiment intéressant.

Il emmena Hector au sous-sol. Ils arrivèrent dans une grande pièce tout en carrelage. Au milieu, il y avait une grosse machine assez compliquée avec un fauteuil relié à d'énormes appareils qui ronronnaient autour, et là Hector se dit que ça y était, c'était bien un transporteur spatio-temporel et le professeur allait l'emmener faire un tour sur Mars.

Hector ne va pas sur Mars

Une dame en blouse blanche se tenait près de la machine. Elle avait des lunettes carrées et ressemblait un peu à une maîtresse d'école, mais quand on la regardait d'un peu plus près, on s'apercevait qu'elle était assez charmante.

— Chère Rosalyn ! dit le professeur.

Il avait l'air tout excité, enfin encore plus excité qu'avant.

— Cher John... répondit la dame en souriant.

— Je vous ai amené un beau sujet d'expérience : un psychiatre ! dit le professeur en présentant Hector.

— Expérience ? demanda Hector.

— Oui, mais ne vous inquiétez pas, tout ça est anodin, allons-y, Rosalyn n'a pas tout son temps, il y a une sacrée file d'attente !

Et Hector se retrouva assis sur le fauteuil

au milieu des appareils qui ronronnaient au-dessus de sa tête. Il voyait Rosalyn et le professeur qui se tenaient derrière une vitre et devant un tableau de bord aussi compliqué que celui d'un gros avion.

— Bon, dit le professeur, je vais vous demander de penser à trois situations dans l'ordre que vous voulez : vous allez vous imaginer dans une situation qui vous rend très heureux. Ensuite dans une situation qui vous rend très triste. Et puis une où vous avez eu très peur. Choisissez des souvenirs, c'est plus facile. Je vous dirai quand vous pourrez imaginer la première situation. Mais surtout ne me dites pas de laquelle il s'agit !

Hector préféra commencer par le pire. Alors il s'imagina assis dans le placard qui sentait le rat crevé, en train de penser aux gens qu'il aimait et qu'il n'allait jamais plus revoir et qui seraient très tristes eux aussi. Il arriva tellement bien à s'en souvenir qu'il sentit les larmes monter, alors que dans la vraie situation, il n'avait même pas pleuré.

— Bon, dit le professeur, maintenant imaginez la deuxième situation.

Cette fois, Hector s'imagina en train de regarder Clara dormir. Souvent, comme elle travaillait beaucoup, le dimanche elle dormait plus longtemps. Et il se réveillait avant elle et il aimait la regarder dormir, ça le rendait très heureux, à ces moments-là, il avait l'impression que rien ne pourrait leur arriver à tous les deux.

(Vous vous demandez peut-être pourquoi il n'a pas pensé à Ying Li. Eh bien parce que Ying Li, ça ne le rendait pas vraiment heureux de penser à elle, très loin là-bas, en Chine.)

– Bon, dit le professeur, la troisième situation maintenant.

Et là Hector se revit dans le vieil avion qui tremblait et vrombissait avec les canards et les poulets qui faisaient beaucoup de bruits avant l'atterrissage.

– Voilà, c'est fini, dit Rosalyn.

Hector descendit du fauteuil en faisant attention de ne pas se cogner la tête et le professeur lui dit :

– Vous avez d'abord pensé à la situation qui vous rendait triste, ensuite à celle qui vous rendait heureux et enfin à celle où vous avez eu peur.

Hector se doutait que le professeur allait deviner juste (il avait un peu entendu parler de ce genre de machine), mais il était quand même étonné.

Le professeur amena Hector près du

tableau de bord compliqué pendant que Rosalyn tournait des boutons. Il y avait un écran de télévision en couleur où une image apparut.

— Regardez, dit le professeur, regardez !

C'était comme une espèce de tache compliquée avec plein de jolies couleurs qui allaient du bleu très foncé à l'orange très vif. En fait, c'était une photographie du cerveau d'Hector, comme si on en avait coupé une belle tranche très fine et qu'on l'avait étalée bien à plat sur une vitre.

— C'est une carte de la consommation d'oxygène dans votre cerveau. En bleu, ce sont les zones qui n'en consomment pas beaucoup. L'orange, c'est le contraire, ça veut dire que ça travaille dur.

Rosalyn appuya sur des boutons et trois images du cerveau d'Hector apparurent en plus petit, les unes à côté des autres. On voyait bien que, chaque fois, c'étaient des zones un peu différentes qui travaillaient.

— La tristesse, le bonheur, la peur, dit le professeur en montrant du doigt chacune des images. Fabuleux, non ?

— Alors le bonheur, c'est dans cette zone, dit Hector en montrant une petite zone orange qui brillait sur l'écran, dans la partie droite de son cerveau.

– Parce que vous êtes un homme, dit Rosalyn. Chez les femmes, la zone est plus diffuse, des deux côtés du cerveau. Quand elles sont tristes aussi d'ailleurs.

Elle expliqua à Hector que depuis qu'on avait ce genre de machine, on s'était aperçu que le cerveau des hommes et des femmes ne fonctionnait pas tout à fait pareil, même pour lire ou faire des calculs. Remarquez, tout le monde s'en doutait depuis longtemps. Mais comme on l'a déjà dit, la science, c'est aussi de vérifier les choses.

– Imaginons qu'on trouve un médicament qui active cette zone, dit Hector, on serait heureux en permanence.

– Mais on l'a trouvé ! Rosalyn, vous pouvez lui passer les images des Japonais ?

Alors apparurent trois images de cerveaux de Japonais (il faut le savoir avant qu'ils sont japonais, autrement c'est assez difficile à deviner).

– Et maintenant, regardez bien, dit le professeur.

Cette fois-ci, les cerveaux, ils étaient tout brillants de couleur orange. Surtout dans la zone du bonheur. Les Japonais, ils avaient dû être très heureux à ce moment-là.

– Mais c'est quoi, ce médicament ? demanda Hector.

Il voulait l'essayer tout de suite et même en apporter à Clara.

– Du saké, dit Rosalyn. Ce sont des images prises quelques minutes après qu'ils ont bu un grand verre de saké.

Alors ça, pensait Hector, ça montrait pourquoi on se sentait si bien quand on buvait du saké, ou de la bière, ou du champagne, ou les vins qu'aimait bien Édouard.

– Mais regardez la suite, ajouta Rosalyn. Ce sont des images prises trois heures plus tard.

Alors là, les cerveaux des Japonais étaient devenus beaucoup plus bleus qu'au départ. Ça ressemblait même aux images de la tristesse. Les Japonais ne devaient plus être très en forme à ce moment-là. En voyant ces images, on avait presque envie de leur faire reboire du saké pour leur réactiver le cerveau (il y a des gens qui n'ont pas eu besoin de ce genre d'expérience et qui ont compris le truc tout seuls).

Rosalyn montra aussi à Hector des images de cerveaux de messieurs à qui on avait montré des photographies de très très jolies dames, et des photos de dames juste normalement mignonnes. Eh bien quand ils voyaient les jolies dames, les zones du cerveau des messieurs qui s'activaient étaient les mêmes que celles qui devenaient très brillantes quand on prenait le mauvais médicament fabriqué par Eduardo ! Ça conforta Hector dans son idée : la beauté, il fallait s'en méfier, mais hélas ! c'était bien difficile.

Rosalyn expliqua qu'avec ce genre de machine, on pouvait vérifier plein de choses sur la manière dont fonctionnait le cerveau des gens en bonne santé, mais aussi comment il fonctionnait quand les gens étaient malades, et sur quel endroit agissaient les médicaments. Elle montra même à Hector l'effet d'une psychothérapie sur quelqu'un qui avait très peur de sortir de chez lui. Après la thérapie – qui consistait à le réhabituer progressivement à sortir – son cerveau était redevenu normal sur les images !

Hector dit qu'il trouvait ça très intéressant. Il était content de savoir quelle petite zone de son cerveau était en train de s'activer quand il était heureux.

– Au fond, vos images, c'est comme voir le sourire du cerveau.

Rosalyn et le professeur se regardèrent.

– Le sourire du cerveau ! dit le professeur. Quelle bonne idée !

Et il expliqua à Hector qu'en effet, ces images étaient très utiles pour savoir comment fonctionnait le cerveau, mais que ça n'expliquait pas plus le bonheur que votre sourire explique pourquoi vous êtes content.

Hector remarquait que Rosalyn souriait en l'écoutant. Tout à l'heure, pendant qu'il regardait les images sur l'écran, il avait vu du coin de l'œil que le professeur et Rosalyn s'étaient embrassés.

Ce qui finit de prouver, au cas où vous auriez encore eu des doutes, que le professeur n'était pas un Martien.

Hector assiste à une expérience

Le professeur emmena Hector déjeuner dans l'une des cafétérias de l'université, en plein air, parce que dans cette ville, il faisait toujours beau, sauf quinze jours en hiver où vous étiez obligé de mettre un pull le soir.

Ils étaient assis face à une grande pelouse et Hector s'amusait à regarder les écureuils qui n'avaient pas peur des gens et qui s'approchaient pour qu'on leur donne à manger. Aux autres tables, il y avait des étudiants, des étudiants-professeurs et des professeurs-professeurs assez mélangés, car c'était le genre d'université où les étudiants et les professeurs se parlent.

— Alors, dit le professeur en attaquant son poulet, est-ce que vous avez l'impression d'en savoir plus sur le bonheur ?

Hector dit que oui, mais à ce moment-là, il sentit qu'on tirait le bas de son pantalon ·

c'était un écureuil qui voulait un peu de son déjeuner. Et justement, ça lui donna une idée. Est-ce que cet écureuil se rendait compte qu'il avait bien de la chance de vivre là ? Ou bien, au contraire, est-ce qu'il passait son temps à se demander si ce n'était pas mieux ailleurs ou à trouver qu'il n'avait pas la vie qu'il méritait ? Au fond, ça dépendait des comparaisons que pouvait faire l'écureuil : il avait forcément vu qu'Hector avait devant lui une belle assiette de calamars frits. L'écureuil pouvait considérer soit que cette assiette était une chance parce que ça augmentait les siennes d'avoir un peu de calamars ; soit il pouvait penser que c'était une terrible injustice qu'Hector ait autant à manger pour lui tout seul ; ou alors trouver que c'était bien la preuve que lui, l'écureuil, était un pauvre minable (surtout si sa femme-écureuil le lui rappelait quand il rentrait le soir à la maison). Le bonheur de l'écureuil dépendait de sa manière de voir la situation. Alors Hector demanda au professeur :

— Parmi mes patients, je connais des gens sans soucis d'argent ni de santé, qui ont une famille unie, un travail intéressant et utile, et qui sont assez malheureux : ils ont peur de l'avenir, ils sont mécontents d'eux, ils ne voient que les inconvénients de leur situation. Dans tous les déterminants du bonheur que vous m'avez cités tout à l'heure, il en manque un : la manière de voir les choses. Pour résumer, on voit bien la différence de bonheur entre ceux qui voient la bouteille à moitié pleine et ceux qui la voient à moitié vide.

– Ah ! dit le professeur, voilà bien une question de psychiatre. Mais vous avez raison, c'est un point capital.

Et il apprit à Hector qu'il y avait un grand débat entre professeurs spécialistes du bonheur. Il y avait ceux qui pensaient que vous étiez heureux surtout parce que vous aviez une vie pleine de choses ou d'événements agréables, comme ceux de la liste d'Hector. D'autres professeurs n'étaient pas d'accord : ils pensaient que le bonheur dépendait surtout de la manière de voir les choses, l'histoire de la bouteille à moitié pleine ou vide, justement.

– Mes collègues qui défendent la deuxième position, ils ont tendance à penser que notre niveau de bonheur, c'est un peu comme notre pression artérielle ou notre poids : ça varie de temps en temps, selon les circonstances, mais en gros, ça revient toujours à un niveau de base qui est propre à chaque personne. Ils étudient des gens qui ont de grands succès ou de grands malheurs, et ils voient que quelques mois plus tard, leur humeur est presque revenue au même niveau qu'avant.

— Et vous, qu'est-ce que vous en pensez ? demanda Hector.

— Un peu des deux. Nous dépendons des circonstances, mais il y a aussi des gens qui sont plus doués pour le bonheur que d'autres.

Et Hector se souvint de Djamila qui était si malade que c'était un malheur terrible, mais qui était quand même heureuse en pensant que ses petits frères n'allaient pas mourir à la guerre.

Hector sortit son carnet et nota une leçon qui lui paraissait très importante :

Leçon n° 20 : Le bonheur, c'est une manière de voir les choses.

Le professeur mastiquait énergiquement son poulet. Depuis tout à l'heure, Hector l'avait toujours vu de bonne humeur. Du coup, il lui posa une autre question.

— Et cette tendance à rester de bonne humeur, est-ce qu'on sait d'où ça vient ?

Là, le professeur reparla des études sur les jumeaux et les jeunes filles, mais heureusement, il n'y avait pas de tableau et il ne pouvait pas recommencer à expliquer les calculs.

En gros, être doué pour le bonheur, c'était un peu comme être bon en calcul ou en gymnastique : ça dépendait un peu de comment était fabriqué votre cerveau à la naissance et même avant, mais aussi de comment vos parents ou d'autres grandes personnes s'étaient occupés de vous quand vous étiez petit. Et puis bien sûr, des efforts et des rencontres que vous faites après.

— Hérédité ou éducation, dit le professeur, c'est toujours la faute des parents !

Ça le fit rire très fort, et les gens autour, ils se retournèrent, mais ils virent que c'était le professeur, alors ça les fit sourire, ils le connaissaient bien.

À ce moment, ils virent arriver Rosalyn qui n'avait plus sa blouse blanche mais une jolie robe d'été bleue avec des fleurs ; elle parlait à un beau monsieur qui la regardait pas mal et ils allèrent s'asseoir tous les deux ensemble.

Le professeur s'arrêta de parler. Hector vit qu'il avait perdu toute sa bonne humeur. Il regardait Rosalyn et le monsieur qui commençaient à déjeuner en se parlant et en souriant, et il était devenu tout pâle.

— Ce salaud de Rupert, murmura le professeur entre ses dents.

Il avait l'air très malheureux et très en

colère, et Hector savait bien que dans ces cas-là, parler, ça soulage. Alors il demanda au professeur pourquoi Rupert était un salaud.

— Non seulement il me pique mes crédits de recherche, mais en plus il vient tourner autour de Rosalyn ! répondit le professeur.

Et il expliqua que Rupert était professeur lui aussi, spécialiste de la différence de cerveau entre les hommes et les femmes. Il faisait pas mal d'expériences avec la machine de Rosalyn, alors il la voyait assez souvent.

— Et comme les différences hommes-femmes, c'est à la mode, les médias s'y intéressent, Rupert passe à la télé dans des émissions pour bonnes femmes. Le doyen aime bien ça, c'est bon pour la renommée de l'université, alors il lui donne les plus gros crédits de recherche du département.

Et Hector voyait le professeur souffrir en regardant Rosalyn et Rupert qui se parlaient et souriaient.

Hector nota dans sa tête une leçon à écrire plus tard :

Leçon n° 21 : Un grand poison du bonheur, c'est la rivalité.

Si on y réfléchissait bien, les gens se faisaient du mal depuis toujours, et parfois même la guerre, pour des histoires de rivalité : ils voulaient la même chose que l'autre, ou devenir chef à la place du chef.

Heureusement, Agnès arriva à ce moment-là, et ça fit une petite distraction. En la voyant arriver, toute mignonne et souriante, elle aussi dans une jolie robe, Hector se demanda s'il aurait été plus heureux aujourd'hui s'ils s'étaient mariés quand ils étaient jeunes. Mais peut-être qu'il serait en train de se disputer à propos des enfants ou que ça les aurait fatigués de se voir tout le temps et maintenant ils auraient été divorcés comme tout le monde.

– Alors, dit Agnès en s'asseyant avec eux, est-ce que le cerveau d'Hector est normal ?

Hector répondit : « Normal pour un psychiatre », et ça fit rire Agnès, mais pas le professeur qui essayait de ne plus regarder Rupert et Rosalyn, mais qui continuait d'avoir mal, on pouvait le voir. Agnès, comme elle était maligne, elle comprit tout de suite la situation. Alors elle s'assit juste en face du professeur, pour qu'au moins, il ne voie plus Rupert et Rosalyn. Et puis elle commença à lui parler d'un article récent qu'elle venait de lire sur la différence entre la joie, la bonne humeur et le bonheur, et assez vite le professeur redevint excité et de bonne humeur comme avant.

Hector donna un bout de calamar à l'écureuil, qui repartit le grignoter plus loin. Hector ne savait pas déchiffrer le sourire des écureuils, mais il avait quand même l'impression que l'écureuil était assez content.

Et puis, il regarda Agnès qui avait réussi à faire retrouver sa bonne humeur au professeur, et se souvint encore de Djamila qui était heureuse pour ses petits frères, de Ying Li qui envoyait son argent à sa famille, de la cousine de Marie-Louise qui lui avait fait cette jolie surprise. Et il nota :

Leçon n° 22 : Les femmes sont plus attentives que les hommes au bonheur des autres.

Il ne savait pas si Rupert avait déjà trouvé cette différence entre les hommes et les femmes, mais lui, Hector, il n'avait pas besoin de la machine de Rosalyn pour en être certain.

Est-ce que ça conduisait à une leçon comme :

Leçon n° 23 : Le bonheur, c'est de s'occuper du bonheur des autres ?

Hector revient sur ses pas

– Vous avez bien travaillé, dit le vieux moine.

Assis derrière son bureau, il lisait la liste d'Hector. Il avait mis de petites lunettes et paraissait encore plus petit et plus vieux que dans le souvenir d'Hector, mais il avait l'air toujours aussi content.

Hector avait encore recopié sa liste au propre après les dernières leçons, parce qu'à un vieux moine important et gentil, vous n'allez pas montrer un brouillon avec des pâtés et des petits dessins qui ne veulent rien dire.

Par la fenêtre, on voyait toujours les belles montagnes chinoises, de temps en temps toutes sombres à l'ombre des nuages puis toutes éclatantes sous le soleil, et Hector se disait que ça devait un peu aider à être sage, de voir des montagnes comme ça tous les jours.

Le vieux moine lisait la liste en faisant très attention, et ça faisait une drôle d'impression à Hector. Parce que le vieux moine forcément, il avait vécu beaucoup plus de choses que lui. Depuis toutes ces années à être moine, il avait aussi pris beaucoup de temps pour réfléchir. Et pourtant il faisait très attention en lisant les petites leçons d'Hector sur le bonheur. Hector se demanda si lui était capable de faire autant attention quand il lisait les lettres que lui envoyaient ses patients, ou même celles que lui écrivaient les gens qu'il aimait.

Peut-être était-ce une autre leçon : *Faire très attention aux autres.*

Le vieux moine arrêta de lire. Il demanda à Hector de lui montrer son carnet, parce qu'il voulait voir aussi les brouillons. Hector hésita, il commença à dire « vous croyez vraiment... », mais le vieux moine continuait à tendre la main en rigolant, et il lui tendit le carnet.

Le vieux moine se mit à examiner les brouillons. Il souriait de temps en temps, mais pas comme pour se moquer comme on l'a déjà dit, plutôt parce qu'il était vraiment content. Hector se dit que le vieux moine devait avoir une bonne manière de voir les choses, une de celles qui rendent heureux.

Finalement, il s'arrêta de lire et demanda à Hector quelle leçon c'était, celle qu'il avait complètement gribouillée. Hector se sentit gêné, il n'avait pas trop envie de dire ça à un moine, mais le vieux moine continua à le questionner alors Hector, il dit :

– *Leçon n° 18 : Le bonheur, ça serait de pouvoir aimer plusieurs femmes en même temps.*

Le vieux moine éclata de rire :

– C'est ce que je pensais quand j'étais jeune !

Il finit de lire le carnet, regarda encore la liste, et puis dit :

– Vous avez vraiment bien travaillé. Toutes vos leçons sont bonnes. Je n'ai rien à ajouter.

Hector était content, mais en même temps, il était un peu déçu. Il s'attendait à ce que le vieux moine lui en donne de nouvelles, des leçons, ou alors une belle théorie sur le bonheur.

Le vieux moine le regarda encore en souriant, et puis il ajouta : « Il fait très beau. Allons faire un tour. »

Dehors, le paysage était magnifique. On voyait les montagnes, la mer, le ciel.

Hector se sentait un peu intimité d'être là, tout seul avec ce vieux moine très important, et il ne savait pas trop quoi dire. Mais en même temps, il sentait que le vieux moine n'attendait pas qu'il dise quelque chose d'intelligent ou de sage, qu'il voulait simplement lui faire partager ce moment de grande beauté.

Le vieux moine dit :

— Être vraiment sage, ce serait pouvoir se passer de ce paysage, et rester le même au fond d'un puits. Mais il faut bien dire que là, c'est plus difficile.

Et Hector comprit qu'il avait connu ça, le fond d'un puits.

Ils regardèrent les nuages et le soleil et le vent jouer avec les montagnes pendant un moment. Hector se demandait si ça n'était pas encore une nouvelle leçon : *Prendre du temps pour regarder la beauté du monde.*

À ce moment, un jeune moine arriva vers eux par un petit sentier. Il dit quelque chose en chinois au vieux moine, et il redescendit vers les jardins du monastère, où on voyait d'autres moines faire du jardinage (un jardinage spécial, assez simple à voir, mais un peu compliqué à expliquer).

— Bon, dit le vieux moine, j'ai un visiteur qui m'attend. Mais cela m'a fait plaisir que nous ayons pu passer un peu de temps ensemble.

Depuis le début, Hector avait envie de poser une question, alors il se lança :

– La première fois que nous nous sommes vus, vous m'avez dit : l'erreur, c'est de croire que le bonheur est le but. Je ne suis pas sûr d'avoir bien compris.

– Je voulais dire un but comme vous savez vous en fixer dans votre civilisation, ce qui vous fait d'ailleurs accomplir tant de choses intéressantes. Mais le bonheur, ce n'est pas du même ordre. Si vous le visez, vous avez beaucoup de chances de le rater. D'ailleurs, comment saurez-vous jamais que vous l'aurez atteint ? Bien sûr, on ne peut pas en vouloir aux gens, surtout aux malheureux, de vouloir être plus heureux et de se fixer des buts pour s'en sortir.

– Vous voulez dire que les meilleures leçons ne sont pas les mêmes pour tout le monde ?

Le vieux moine regarda Hector et il dit :

– Est-ce que vous racontez la même chose à tous vos patients ?

Hector réfléchit un peu et il répondit que non, cela dépendait de leur caractère, de s'ils étaient jeunes ou vieux, de s'ils avaient vécu de vrais malheurs ou non.

— Eh bien voilà, dit le vieux moine. C'est la même chose.

Puis Hector réfléchit encore un peu et il dit qu'il ne racontait pas la même chose à tout le monde, mais qu'il y avait quand même certains principes qui revenaient souvent, surtout avec les gens trop tristes ou avec ceux qui avaient trop peur : les aider à faire la différence entre ce qu'ils pensaient sur eux et sur les autres et ce qui existait vraiment, parce qu'ils avaient tendance à croire que ce qu'ils pensaient était la réalité, alors que ce n'était pas toujours le cas.

— Voilà, dit le vieux moine, c'est encore la même chose. Maintenant rentrons.

Il redescendait vers le monastère, et Hector le suivait en se demandant ce qu'il avait voulu dire.

Arrivé dans l'entrée du monastère, le vieux moine lui demanda de l'attendre un instant, il avait quelque chose à lui donner. Il y avait un monsieur chinois qui attendait et Hector comprit que c'était le visiteur dont parlait le jeune moine tout à l'heure. Mais le monsieur n'était pas habillé comme un moine, plutôt comme un Chinois de la ville, avec une cravate et un costume.

Hector, ce voyage, ça lui avait donné l'habitude de parler aux gens qu'il ne connaissait pas. Il commença donc à faire connaissance avec le monsieur chinois, qui parlait anglais mieux qu'Hector. Ils s'aperçurent qu'ils étaient tous les deux docteurs, et que le monsieur chinois était docteur dans une des spécialités dont on a parlé au début, celles dont on ne voulait pas vous dire les noms pour ne pas vous inquiéter.

Le vieux moine revint, il tenait deux très belles coupes chinoises bleues et blanches, avec de jolis dessins dessus. Et il dit à Hector :

– Ce sont les couverts des époux. Vous pouvez les offrir... ou les garder.

Et il repartit de son petit rire, puis il dit au revoir à Hector.

Sur le pas de la porte, Hector se retourna et vit le vieux moine et le docteur chinois qui le regardaient, et le vieux moine lui fit un dernier sourire en levant la main pour le saluer, et cela lui rappela Djamila.

Dehors, c'était toujours aussi magnifique, mais Hector était un peu triste.

Il s'arrêta pour ranger les coupes chinoises dans son sac. Il ne voulait pas risquer de les casser. Entre les deux coupes, il y avait un petit bout de papier. Et dessus, c'était écrit : 21-13-10.

Hector sortit vite son carnet et lut :

Leçon n° 21 : Le bonheur, c'est une manière de voir les choses.

Leçon n° 13 : Le bonheur, c'est de se sentir utile aux autres.

Leçon n° 10 : Le bonheur, c'est d'avoir une occupation qu'on aime.

Hector se dit que c'étaient d'assez bonnes leçons. Pour lui en tout cas.

Hector invente le jeu des cinq familles

– Californien, français ou chilien ?

– Qu'est-ce que tu préfères ?

Hector et Édouard se trouvaient encore dans ce beau restaurant d'où l'on voyait briller toute la ville et les lumières des bateaux dans la baie, et ils se parlaient comme s'ils s'étaient parlé tout le temps depuis, c'est ça qui est bien avec les vrais copains.

En attendant le sommelier chinois, Édouard demanda à Hector s'il avait appris quelque chose qui pourrait lui servir à lui. Hector avait remarqué qu'Édouard avait l'air content de le revoir, mais pas spécialement heureux, exactement comme la dernière fois. Il se dit qu'il pourrait peut-être l'aider avec un bon conseil.

– Bon, alors déjà, il y a différentes sortes de bonheur. On va dire un peu comme des familles de bonheur.

– Je m'en doutais, dit Édouard. Mais lesquelles ?

– On va dire cinq familles. D'abord, deux familles de bonheur excité et deux familles de bonheur calme. Bonheur excité : la joie, faire la fête, partir en voyage, se retrouver au lit avec une femme qu'on désire.

– Ah ça, je connais ! Et ça, ça en fait partie ? dit-il en montrant la bouteille que venait d'apporter le sommelier chinois.

Hector dit que oui, bien sûr, et il lui raconta l'histoire des cerveaux de Japonais qui avaient bu du saké, et comment on voyait sourire le cerveau. Édouard ne dit rien, mais on voyait que ça le faisait réfléchir.

– Deuxième famille de bonheur excité : travailler à quelque chose qu'on aime, vouloir atteindre un but. Ça peut être son métier, mais aussi un sport ou le jardinage, ou encore réfléchir à un calcul compliqué quand on aime ça.

Il raconta à Édouard comment Alain aimait courir et faire des calculs, ou comment Jean-Michel aimait faire très bien son métier, soigner les enfants et les mamans, ou comment le professeur était tout excité quand il essayait de comprendre le bonheur.

– Hum, dit Édouard, j'ai un peu ce genre

de bonheur quand je m'active sur un beau dossier et que j'arrive à convaincre le client. Mais ça ne m'excite plus beaucoup...

– Bon, et maintenant il y a deux familles de bonheur calme. Se sentir content tout simplement, et juste vouloir que ça dure. Ça, c'est quand tu fais des comparaisons et que tu te trouves heureux comme ça, en te comparant aux gens que tu connais ou à ton propre passé. Ou en ne te comparant pas du tout !

Il lui parla d'Agnès qui se comparait à elle-même avant, et trouvait qu'elle n'avait jamais été aussi heureuse, même si ça n'était pas parfait. Il lui raconta aussi l'histoire des enfants du pays de Marie-Louise qui n'étaient pas encore assez grands pour faire des comparaisons.

– Ça ne marche pas pour moi, répondit Édouard, je me compare toujours aux autres.

– Aux gens qui ont gagné trois millions de dollars ?

– Oui, et quand je les aurai, à ceux qui en auront gagné vingt.

– C'est une manière de voir les choses, dit Hector. Tu ne te compares pas aux petites femmes sur leur toile cirée ?

– Hélas non ! Je me compare aux gens qui me ressemblent.

Il goûta le vin et il dit :

— Pas mal, mais je préférais le 76 de la dernière fois. Et le dernier bonheur calme ?

— Justement, c'est une manière de voir les choses. Supporter et garder ta sérénité, quoi qu'il t'arrive. Y compris face à ta propre mort à venir.

Édouard devint tout pâle.

— Tu penses que je vais mourir bientôt ?

— Mais non, je voulais dire à venir, comme pour tout le monde.

Et il lui parla de Djamila dans l'avion et du vieux moine en haut de la montagne.

Édouard écoutait Hector en faisant très attention. Et puis il dit qu'il comprenait pourquoi il ne se sentait pas très heureux :

— La fête ne m'amuse plus comme avant, mon travail m'excite par moments, mais je ne l'aime pas vraiment comme je te l'ai déjà dit. Je me compare toujours à ceux qui ont plus que moi. Autrement je ne me sens pas du tout serein, je m'énerve facilement quand ça ne va pas comme je veux.

— Il y a une cinquième famille de bonheur.

— Ah, c'est peut-être ma dernière chance...

— C'est le bonheur avec les autres : l'amitié, l'amour partagé, faire attention au bonheur et au malheur des gens, se sentir utile aux autres.

— C'est aussi une sacrée cause de malheur !

dit Édouard. Les gens te déçoivent, tes amis peuvent te trahir. Quant aux amours, parfois on peut se faire très mal.

Ça rappela à Hector qu'Édouard avait dû être amoureux, mais que ça n'avait pas dû très bien se passer.

– C'est vrai, mais fréquenter les autres et leurs imperfections, ça peut aussi t'entraîner à la sérénité, le bonheur de la quatrième famille. Et puis, tu peux aussi te sentir utile aux autres sans forcément attendre de la reconnaissance, et en être heureux quand même.

Édouard regarda Hector.

– Tu parles comme un moine.

Ça fit rire Hector. Et tout d'un coup, il se demanda s'il ne se mettait pas à rire comme le vieux moine. Alors il ajouta :

– Je vais te prouver que non, je ne parle pas encore tout à fait comme un moine.

Et il demanda à Édouard des nouvelles de Ying Li.

Vous vous y attendiez, bien sûr. Hector n'allait quand même pas revenir en Chine juste pour parler au vieux moine et à Édouard, et ne plus s'occuper de Ying Li !

Édouard lui raconta que Ying Li travaillait toujours dans le bar aux douces lumières, qu'il la voyait de temps en temps. Une fois, elle lui avait demandé des nouvelles d'Hector.

— Je ne sais pas si j'aurais dû te dire ça, dit Édouard.

Bien sûr que si, mais en même temps, Hector ça lui avait fait un petit coup au cœur que Ying Li demande de ses nouvelles.

On n'en a pas parlé depuis un certain temps, mais il n'avait pas vraiment arrêté de penser à Ying Li, plusieurs fois par jour et même quand il se réveillait la nuit. Il avait d'abord beaucoup pensé à sauver Ying Li de son travail et à l'emmener dans son pays, parce que quand on aime quelqu'un, ce sont les deux choses qu'on veut faire à tout prix : sauver cette personne (parfois, c'est la sauver d'elle-même) et l'avoir toujours avec soi. Ensuite, Hector avait eu ce moment de réflexion dans le placard qui sentait le rat crevé, et il s'était aperçu qu'il aimait toujours Clara très fort. Et puis après encore, il était devenu un peu son propre psychiatre et celui de son amour pour Ying Li. Il savait que dans son amour pour elle, il y avait un peu trop de cette envie de la sauver, d'être son Superman, il y avait aussi beaucoup de cette envie de faire avec elle les choses que font les amoureux, et puis il y avait aussi pas mal de cette envie de se sentir toujours jeune en étant avec elle, parce qu'elle était très jeune Ying Li, et elle le paraissait encore plus.

Hector avait déjà vu pas mal d'amours comme ça dans sa vie et dans son métier, et il savait que ça ne marchait pas toujours très bien. Dans son pays à lui, Ying Li ne pourrait rien faire sans lui, il serait son super-sauveur à chaque moment, et ça ce n'était pas forcément le mieux pour l'amour, même si c'était souvent vachement excitant au début.

Il avait réfléchi à tout ça, Hector, mais surtout, comme on l'a dit, il avait surtout senti que c'était Clara qu'il aimait de toutes les sortes d'amour. (Parce que des sortes d'amour, il y en a encore plus que des sortes de bonheur, mais ça il faudrait un autre livre pour l'expliquer.) Alors Hector dit à Édouard :

— Je vais t'entraîner un peu dans la cinquième famille de bonheur. Tu as ton téléphone portable ?

Bien sûr, Édouard avait toujours son mobile avec lui et il le donna à Hector.

Alors Hector appela Eduardo.

Hector a fait un beau voyage

Hector était revenu dans son pays et il avait recommence à faire son métier de psychiatre. Mais son voyage avait pas mal changé sa façon de travailler.

Il donnait toujours de petites pilules aux gens qui en avaient besoin, et il essayait toujours d'aider les gens à s'en sortir avec la psychothérapie. Mais maintenant dans la psychothérapie, il avait ajouté une nouvelle méthode.

Par exemple, quand une dame bien habillée se plaignait que personne ne l'aimait, une dame qui avait toujours l'air sévère comme une méchante maîtresse d'école, Hector commençait à lui raconter l'histoire des petits enfants qui mendiaient et qui souriaient toujours, et il demandait à la dame, à son avis, pourquoi ces enfants souriaient.

Ou alors quand il voyait un monsieur qui

se faisait toujours du souci pour sa santé, mais qui n'avait jamais rien de sérieux, Hector lui racontait l'histoire de Djamila dans l'avion qui savait qu'elle allait mourir bientôt, et il demandait au monsieur pourquoi, à son avis, elle souriait et pourquoi même, à certains moments, elle se sentait heureuse.

Il leur parlait aussi du vieux moine, de la fête chez Marie-Louise, d'Alan qui aimait faire des calculs, de l'écureuil qui attendait du calamar frit et de plein d'autres choses qui lui étaient arrivées au cours de ce voyage, et même des choses qu'on ne vous a pas racontées. Mais Hector ne leur racontait jamais la fin des histoires, il demandait toujours aux gens de la trouver eux-mêmes et ça les faisait réfléchir et certains revenaient la fois suivante en disant qu'ils avaient compris quelque chose d'important.

À Adeline, qui se plaignait toujours des hommes, il raconta comment Agnès se trouvait heureuse. Mais ça ne marcha pas très bien, parce que Adeline, ça l'énervait plutôt qu'Hector perde du temps à lui parler d'une autre femme qu'elle. Après quoi elle demanda si Alan, avec ses articles, c'était quelqu'un de célèbre là-bas, et Hector comprit qu'il y avait encore du boulot.

Il retrouva aussi Roger et Madame Irina.

Roger était tout content parce que des personnes qui s'occupaient d'aider des gens comme lui l'avaient inscrit à un pèlerinage. Peut-être que Roger aurait moins besoin de médicaments pendant ce temps-là.

Madame Irina lui dit qu'elle était juste venue lui dire au revoir, parce que maintenant elle voyait l'avenir à nouveau. Elle regarda Hector :

– Oh, oh, docteur, je vois que vous n'avez pas été très sage, là-bas en Chine.

Hector répondit que pas du tout, au contraire, c'était en Chine qu'il avait appris la sagesse, mais Madame Irina, ça la fit rigoler.

Bien sûr, il ne lui avait pas parlé de Ying Li, et d'ailleurs il n'en parlait jamais à personne, sauf à Édouard de temps en temps au téléphone. Parce que maintenant Ying Li, elle ne travaillait plus dans le bar aux douces lumières, elle travaillait pour Édouard, elle préparait ses dossiers à la banque. Édouard disait qu'elle se débrouillait très bien, parce que l'avantage quand vous êtes jeune, c'est que vous apprenez très vite, même quand vous avez pris du retard quand vous étiez petite, comme c'était le cas de Ying Li.

Vous vous demandez comment ça a pu

arriver, parce que vous vous souvenez du grand Chinois et de la dame dans l'auto qui regardait Ying Li le soir où elle était sortie avec Hector. Ying Li, pour ces personnes, elle valait très cher, et d'ailleurs elle n'était pas à vendre, elle était simplement à louer si vous étiez un client. Alors on va vous expliquer.

Dans le restaurant, avec le téléphone mobile d'Édouard, Hector avait appelé Eduardo. On aurait dû vous raconter autre chose avant : quand Hector était dans le grand pays du Plus, Eduardo l'avait appelé pour lui parler de sa femme. (Ensuite, Hector s'était demandé comment Eduardo avait su qu'il était chez Alan et Agnès, mais plus tard Clara lui avait dit que pendant qu'il était là-bas, un ami avec un accent espagnol l'avait appelé à son bureau pour lui demander où trouver Hector. Comme Hector n'avait jamais parlé non plus de Clara à Eduardo, ça ne simplifiait pas les choses, mais comme on l'a dit, mieux vaux parfois ne pas comprendre.)

Au téléphone, Eduardo avait raconté à Hector que sa femme allait beaucoup mieux depuis qu'elle avait pris la pilule qu'il lui avait recommandée, et encore mieux depuis qu'elle voyait le psychiatre qu'il leur avait conseillé.

— C'est merveilleux, il disait Eduardo. Je l'ai

retrouvée. J'ai l'impression de revivre avec la femme que j'ai connue quand elle n'était pas malade !

Et il dit à Hector qu'il lui devait beaucoup, et qu'il allait lui faire un beau cadeau. Et les gens comme Eduardo, ils s'y connaissent en cadeaux. Mais Hector lui dit que peut-être il préférerait un service, un service qui serait aussi un cadeau, mais qu'il fallait qu'il réfléchisse encore un peu. Eduardo dit okay, il pouvait rendre n'importe quel service à Hector.

Alors quand Hector appela Eduardo, il lui demanda le service. Et Eduardo, il dit : « Pas de problème. » D'ailleurs lui aussi connaissait le bar aux douces lumières, parce qu'il y venait quand il allait en Chine pour ses affaires. Hector pensa à la tête du grand Chinois quand on lui dirait que maintenant Ying Li, elle n'était plus à lui. Ça lui fit bien plaisir, parce qu'il se souvenait de la manière dont le grand Chinois parlait à Ying Li quand ils étaient sortis du restaurant, et ça l'avait quand même beaucoup énervé et il y avait souvent pensé depuis.

Voilà, c'est la fin de l'histoire.

Ying Li continua à travailler avec Édouard, elle faisait beaucoup de progrès et un jour, elle rencontra un garçon de son âge du même pays qu'Hector qui était venu faire son service militaire en Chine (la sorte de service militaire que faisaient les enfants des gens bien habillés) et ils se marièrent. Plus tard, ils eurent un bébé, et Édouard devint le parrain. Ying Li voulut appeler le bébé Édouard, mais Édouard dit qu'il préférait Eduardo, pour qu'on ne les confonde pas, alors le bébé s'appela comme ça.

Édouard se sentait un peu plus heureux, peut-être parce qu'il avait découvert la cinquième famille de bonheur, peut-être aussi parce qu'il allait de temps en temps voir le vieux moine dans son monastère. (Hector lui avait donné l'adresse.) Le vieux moine devenait de plus en plus petit et de plus en plus fatigué, mais il continuait à rigoler de temps en temps quand il parlait avec Édouard.

Finalement, Édouard s'arrêta de travailler juste avant d'avoir gagné ses trois millions de dollars. Après, il continua à faire un peu le même métier qu'avant, mais gratuitement. Il travaillait pour aider les bonnes personnes des pays comme ceux de Marie-Louise à trouver de l'argent pour que les petits enfants puissent aller à l'école ou se faire soigner, ou pour qu'on prête de l'argent aux grandes personnes pour qu'elles commencent un travail qui rapporterait de l'argent à son tour pour que les petits enfants puissent aller à l'école ou se faire soigner. Édouard aimait vraiment son nouveau métier. Il avait remplacé la leçon n° 4 : *Beaucoup de gens pensent que le bonheur, c'est d'être plus riche ou plus important* par la leçon n° 13 : *Le bonheur, c'est de se sentir utile aux autres.* Vous direz peut-être qu'Édouard n'avait pas beaucoup de mérite, parce qu'il était devenu riche avec ses trois millions de dollars, mais il faut comprendre que pour lui, ce n'était pas être riche, parce qu'il connaissait pas mal de gens qui en avait gagné vingt ou plus et qui eux ne pensaient qu'à en gagner encore davantage.

Un jour, Hector reçut une lettre de la sœur de Djamila. Dans la lettre, il y avait une très belle photo de Djamila qui datait d'avant sa maladie, elle souriait de ce genre de sourire qui montre qu'on est heureux. La sœur expliquait que Djamila leur avait parlé d'Hector. Elle avait gardé un très bon souvenir de lui, et elle avait voulu qu'on lui envoie cette photo d'elle quand elle ne serait plus là.

Jean-Michel continua de soigner les enfants et les mamans, Alan de faire des calculs et de courir tous les matins, Agnès d'étudier les enfants des autres et de bien s'occuper des siens, l'écureuil d'aller à la cafétéria à l'heure du déjeuner. Mais vous l'avez compris, ceux-là ils étaient déjà assez heureux longtemps avant qu'on commence à raconter l'histoire, sauf peut-être le grand professeur qui continuait à souffrir de temps en temps à cause de Rosalyn et de Rupert. Hector pensait aussi de temps en temps à la cousine de Marie-Louise et même une fois il la revit, un jour où elle était venue en vacances dans son pays. Cette fois, ils furent très sages, ils déjeunèrent juste ensemble. Parce qu'il y a des moments où faire des bêtises, ce n'est pas vraiment des bêtises, mais d'autres où oui, et là il ne faut pas les faire.

Hector continuait à recevoir des gens trop tristes, ou qui avaient trop peur, ou qui avaient de vrais malheurs, ou qui étaient quand même malheureux sans tout ça. Mais depuis ce voyage, il aimait mieux son métier, et il aimait plus Clara aussi. Du coup, Clara, elle se mit à moins s'intéresser à ses réunions, à ne plus emporter du travail le week-end et à commencer à regarder les bébés quand elle en croisait un dans la rue avec sa maman. Et ça, Hector l'avait remarqué.

Alors ils se marièrent, ils vécurent heureux et ils eurent un petit garçon qui devint psychiatre, comme son papa.

Remerciements

Mes remerciements vont aux amis et à leurs proches qui m'ont accueilli dans leur pays au cours de voyages qui ont précédé celui d'Hector : Hans et Elisabeth, Peter et Margaret, Bob et son équipe de l'Université de Californie Los Angeles, Siew et Khai, Marie-Joséphine et Cyril. Ma reconnaissance à Étienne pour m'avoir entraîné dans l'Empire du Milieu, et à Nicolas pour sa disponibilité et ses talents de guide. Et merci à l'Aviation Medical Assistance Act qui protège désormais les médecins qui apportent leur aide au cours d'un vol. Je tiens aussi à remercier toute l'équipe des Éditions Odile Jacob, en particulier les lecteurs des toutes premières aventures d'Hector : Jean-Luc Fidel, Catherine Meyer, Cécile Andrier, Jean-Jérôme Renucci. Et merci à Odile Jacob, pour l'attention et les conseils qu'elle me prodigue depuis maintenant des années.

Table des matières

Composition réalisée par Nord Compo
59650 Villeneuve-d'Ascq

Cet ouvrage a été imprimé par

FIRMIN DIDOT
GROUPE CPI

Mesnil-sur-l'Estrée

pour le compte de France Loisirs
en mai 2003

Imprimé en France
Dépôt légal : mai 2003
N° d'édition : 38613 – N° d'impression : 63758